El día que tu secreto se hizo mío

María Bird Picó

editorial EDP UNIVERSITY

ISBN: 978-1-942352-37-2

Segunda edición: 2016

©Editorial EDP University, 2015

Portada: ©Fotolia.com
Correctores: Awilda Cáez, Edgardo Tormos

Diagramación: Linnette Cubano García

Impreso en Puerto Rico

EDP University of P.R. Inc.
Ave. Ponce de León 560
Hato Rey, P.R.
PO Box 192303
San Juan, P.R. 00919-2303

 Editorial EDP

*A mis insustituibles Juan Andrés
y Ana Carolina y a nuestros jóvenes,
por ser, sentir y soñar*

1

Un encancaranublado lunes de marzo, Aldo se despierta sobresaltado, pero confiado en que los sucesos del día anterior fueron un sueño. O en el peor de los casos, una pesadilla de grandes proporciones, de esas que toman varias noches de luna menguante para disiparse.

Basta una mirada alrededor para caer en la cuenta de que el sueño apenas duró las cinco horas que durmió; el resto de las preocupaciones fueron acontecimientos protagonizados por personajes de carne y hueso. Confirma que el dormitorio sigue siendo el mismo: amplio, pintado en tonos pasteles verde y amarillo, cobijado por un techo del cual cuelgan docenas de estrellas y planetas que en la noche alumbran sin clemencia. Las paredes albergan artesanías de varios países latinoamericanos; en su escritorio está su fiel acompañante: la computadora portátil.

Cierra sus ojos y trata sin éxito de borrar los eventos que teme marcarán su vida para siempre. Con lentitud los abre, y se convence de que la pesadilla fue un hecho con principio, punto culminante y fin. Eso significa que ahora resta enfrentar la cruda realidad.

Se levanta de la cama como si tuviera cincuenta años más de los quince que recién ha cumplido. Da unos pasos y escudriña la imagen que le devuelve el viejo espejo: un espigado cuerpo recubierto de piel color oliva al cual corona una melena negra y ligeramente rizada que resalta los ojos almendrados. Mira la antigua foto familiar sobre la cómoda y en la que posan sus padres —tez blanca y cabello liso—, y sus dos hermanos: Samanta, de tres años, y Juan Alberto, de dos. Su madre sostiene a un recién nacido al que el resto de la familia mira embelesado.

¿Por qué miran al bebé con tanta fijeza?¿Estarían preguntándose hace quince años lo mismo que lo atormenta desde la cena de anoche?

Respira con profundidad y decide olvidar por el momento el dilema existencial para dar comienzo a la rutina diaria. Para practicar sus ejercicios de yoga, saca un colchón del armario e inserta dentro de su reproductor de DVD la lección de yoga a cargo del instructor brasilero.

Aldo obedece y durante treinta minutos deja de lado las preocupaciones sin percatarse de ser quizás uno de pocos jóvenes en el planeta Tierra que entrenan su cuerpo en el difícil arte del yoga y, para rematar, en portugués. Tiene por costumbre alternar los ejercicios mañaneros en los tres idiomas que domina: el español, el inglés y el portugués. No se perdona haber perdido la oportunidad de añadir otro más a la lista, el francés, pero sus padres insistieron que tenía que enfocarse más en los estudios, especialmente el álgebra, materia que multiplica su ecuación de aburrimiento por varios coeficientes.

—*Inspire, expire.*

El joven exhala por última vez y se levanta con agilidad. Dirige la mirada a la foto familiar. Decide colocarla boca abajo. Pero el acto no logra hacerlo olvidar así que la guarda en una de las gavetas. Pone sobre la foto un puñado de papeles para sellar la acción.

—¡Aldo! Es hora de ir a la escuela —dice una voz femenina amortiguada por la distancia.

Aldo inhala y exhala. Presiente que no será un día fácil. Lento, se pone la guayabera y el *dhoti*, el pantalón indio que le trajo su tía Marta de su último viaje a la India. Se mira al espejo y se enorgullece de la selección. A medida que pasa el tiempo los compañeros se acostumbran a su vestimenta, y ya no tiene que explicar que el pantalón es tradicional del norte de la India. Les ha enseñado que el *dhoti* está confeccionado con una pieza rectangular de algodón que se enrolla alrededor de la cintura y se une pasándola por el medio de las piernas hasta que se fija en el cinto. Describir con precisión la procedencia de la guayabera ha sido más retador, pues países como México, Panamá y Cuba se disputan su creación. Los filipinos dicen que la guayabera es una imitación de su *barong tagalog*. El nombre, según una versión que leyó en Internet, debe su origen a la práctica de los campesinos que usaban la camisa para trabajar en el campo y llenaban los bolsillos con las guayabas recolectadas.

Al bajar las escaleras, toma una decisión: él solo tendrá que buscar la verdad, pero la duda lo asalta al ver la dulce mirada de su madre, Natasha, quien, aunque impaciente por su tardanza, solo expide amor.

—¿Por qué tanta demora? —pregunta Natasha irritada.

Aldo la mira sin saber qué contestar. Entiende que no hay vuelta atrás porque la decisión está tomada.

—¡La asignación de inglés! —exclama mientras corre hacia el dormitorio.

Exasperada, Natasha sale de la casa seguida de Juan Alberto, quien persigue con una mirada sarcástica los pasos del hermano. En la habitación, Aldo recoge la tarea escolar y aprovecha el instante de soledad para recibir las poderosas lágrimas que han llegado sin anunciarse. Tras despacharlas con un manotazo, se dirige con pesadez al carro.

***

Llega justo a tiempo para montarse en el carro que sale de la marquesina de la casa. Esta semana es su turno de ir al lado de su madre, pero al ver a Juan Alberto en el asiento delantero siente desvanecer el deseo de pelear. Su hermano lo mira con incredulidad al verlo acomodarse en el asiento trasero.

—¿No le toca esta semana a Aldo? —pregunta extrañada Natasha.

Juan Alberto se limita a levantar los hombros; Aldo no se da por enterado. La madre observa al hijo por el espejo retrovisor.

—¿Qué pasa? —pregunta Natasha.

Aldo no contesta por temor a que la madre se percate de lo que le está pasando. Saca el Ipod de la mochila.

—Aldo, te pasa algo. ¿Qué sucede? —insiste su madre.

El joven, que apenas tres minutos antes había adoptado una nueva misión en la vida, levanta la mirada y, por primera vez desde la cena de anoche, mira directamente a los ojos de la madre reflejados en el espejo retrovisor. ¿Quién es esa mujer? ¿Qué hace en su vida? ¿Por qué somos tan diferentes?

—¡Aldo, te estoy hablando! —dice Natasha alzando la voz.

Pospone por unos segundos el deseo incontrolable que siente de refugiarse en la música de su iPod.

—No pasa nada, mami. Tengo examen de geografía y ando un poco preocupado.

—¿Tú, preocupado por un examen de geografía? —interviene sarcástico Juan Alberto.

Natasha observa a su hijo menor y opta por no ahondar más en el asunto. Concluye que deja de ser niño a pasos agigantados.

Gracias a las congestiones del tránsito, el trayecto hacia la escuela le permite a Aldo repasar los sucesos del día anterior que desataron el estado melancólico que exhibe hoy.

Su familia tiene como costumbre cenar juntos los domingos. No hay excusa para faltar a tan importante acontecimiento. Durante la semana, el papá, Esteban, llega tarde en la noche de su trabajo como contable en una firma que vende pólizas de seguros. Natasha es directora de una escuela pública y sus hijos tienen días atareados debido a las actividades extracurriculares.

Ayer domingo, recuerda el joven, amaneció igual que los anteriores y prometía ser aburrido porque no tenía planes de salir con los amigos. Se levantó tarde y, durante el desayuno, hizo de nuevo un gesto de desprecio al sentir el fuerte olor a tocineta. Llevaba dos años sin probar proteína animal, y los olores asociados con la carne le disgustaban sobremanera. Mientras la familia devoró con apetito la tortilla con tocineta, Aldo comió un yogur y frutas frescas. Su madre nunca ocultaba el orgullo que sentía ante lo que alguna vez pareció ser un mero capricho, pero que resultó ser una decisión firme. Los hermanos ya no se mofaban.

El resto del domingo lo pasó tranquilo entre los libros, la computadora y disfrutando una bicicletada por el vecindario. En la tarde, se refugió en la lectura del último libro que tomó prestado de la biblioteca: *En búsqueda del tesoro humano*. Era una historia de ficción sobre una civilización poshomosapiens, miles de años en el futuro, que encuentra fósiles de la última civilización humana.

A la hora de la cena, Samanta, Juan Alberto y Aldo ayudaron con una sobredosis de refunfuños a preparar la mesa del comedor. Este es el único sitio de la casa que delata los gustos sofisticados de la familia. La mesa es de imponente roble y ellos son la tercera generación que la venera al sentarse ante ella semanalmente. Del techo cuelga la lámpara de candelabros proveniente del lado materno de la familia. Las paredes están revestidas con cuadros que no conjugan con los colores y la decoración. Sin remedio alguno, los padres habían tomado la decisión de que predominara la decoración ecléctica para poder complacer a los ancestros. Los cuadros y retratos fueron relegados al comedor por ser la habitación menos preferida.

Solo Aldo busca amparo en el comedor durante la semana. Se siente a gusto entre las pinturas, los retratos añejos, la alfombra persa que cada día pierde color, y el pesado armario de caoba que encierra la vajilla de porcelana inglesa que solo se usa en la fiesta de despedida de año. Algo mágico en la habitación lo seducía desde niño. Le encantaba mecerse en el sillón de madera que perteneció a Yeya, su bisabuela paterna. La leyenda familiar asegura que era bruja porque con solo mirar el aura de una persona podía determinar la enfermedad que le aquejaba y la combinación perfecta de hierbas para curarla.

El crujido de la madera al rozar con la desgastada alfombra persa le recordaba pedacitos de las historias que Yeya contaba sobre los incansables viajes que dio junto al bisabuelo, un comerciante europeo que vino a América en busca de paz. Aunque el recuerdo era bien lejano, era el último en retirarse de esas veladas familiares pese a la insistencia de su madre, que velaba por el cansancio de la bisabuela. De todos modos, Yeya nunca pararía con tal de satisfacer la curiosidad de su querido biznieto.

Para la cena semanal del domingo no se desempolvaba la vajilla de porcelana, aunque mejor suerte corrían los cubiertos de plata de la abuela Naná, que de lo contrario, perderían el lustre. Además —decía Natasha—, ¿para qué guardarlos y no darles uso? Aldo recordaba que cuando era niño le causaba temor abrir la caja polvorienta de madera para encontrar los cubiertos que, antes del brillo, se veían opacos y tristes. Le encantaba la tarea de pulirlos hasta poder ver el reflejo de sus dientes en ellos. Los amigos pensaban que él era extraño, y varios se burlaron cuando los invitó a lustrar la plata. Con aire ceremonial, les dio a escoger entre varios paños de seda, a lo que más de uno reaccionó llamando a su madre para que corriera a buscarlo. Aún no entendía por qué no disfrutaban como él de aquella tarea inusual. Con el tiempo se resignó a aceptar que sus amigos eran extraños.

Luego de la entrada protocolar de los padres al comedor, se sentaron ese domingo apocalíptico a la mesa. Esteban sirvió el guiso de ternera con vegetales. Al plato de Aldo llegó el guiso sin la carne, por supuesto. Al principio, no toleraba el olor a carne ni el sabor de los guisados. Pero ya lo había aceptado tras la advertencia de sus padres desde el primer día que declaró a viva voz que era vegetariano: si no le gustaba lo que habían cocinado, él mismo tendría que socorrerse, ya que bastante trabajo tenían con la casa y sus trabajos. Refunfuñó y trató de convencer a todos de los beneficios de la dieta vegetariana, sin resultado alguno.

La costumbre dominical dicta que Esteban o Natasha comience el diálogo con preguntas a los hijos sobre sus intereses particulares. No debe sorprender que los temas reservados para Samanta sean el álgebra, la música y el baile. Bueno, en realidad, la historia de la música, el *hip-hop* y el *tap*, bailes que le apasionan desde niña y a los que dedica cuatro horas semanales. El domingo anterior, Samanta explicó que el origen de la palabra música es el vocablo griego "musa" con el que se conoce a las nueve hijas nacidas de la unión del dios griego Zeus y Mnemosina. Cada una era la fuente de inspiración creativa para las artes y las ciencias. Euterpe, explicó Samanta, era la musa de la música; su hermana Urania, la de la astronomía.

Cada domingo, Samanta brilla ante la inquisición familiar a pesar de nunca haber consultado una enciclopedia, aun menos la que adorna hace años la sala de la casa. Le encanta el álgebra, y domina los temas del baile y la música gracias a las docenas de lecciones que había asimilado desde los cuatro años a través de la televisión, los vídeos, las charlas y hasta los congresos anuales a los que asistía junto al grupo de baile.

—¿Cuándo es la próxima presentación? —preguntó Esteban.

—Papi, ya te dije que todavía no hay fecha porque no han confirmado la sala —contestó Samanta.

—Déjanos saber con tiempo, a ver si tus abuelos pueden hacer arreglos para venir —dijo el padre—. Sabes que no les gusta que les avisemos a última hora.

Samanta asintió y el alivio fue inmediato. La atención durante los próximos veinte minutos se volcaría sobre Juan Alberto. Había dos temas potenciales para la conversación semanal: los deportes o la biología. El tema de la biología, materia favorita de Juan Alberto, se discutió ampliamente la semana anterior cuando argumentaron sobre las ventajas de ser unicelular. Así que esta semana a Juan Alberto le tocaría dictar cátedra sobre el tenis, su deporte preferido. A Aldo le daba igual el tema pues casi todos le apasionaban, actitud que sus hermanos detestaban, ya que tenían que fingir interés en cuestiones de las que muchas veces nada sabían.

—¿Por qué el árbitro cantó *out*? —preguntó Esteban.

—Porque no vio la jugada y no lo quiso admitir. Pero todos vimos que la bola cayó adentro de la línea —acotó Juan Alberto.

—¿Qué crees que se pueda hacer para remediar la situación? —preguntó Natasha.

—Que la liga por fin acepte filmar los partidos para poder consultar la grabación —contestó Juan Alberto—. Pero dicen que no es necesario. Que llevan años jugando así, sin ningún problema.

—En parte tienen razón. Me imagino que eso ha pasado en años anteriores, pero igual siguen jugando sin problema alguno —agregó Esteban.

—¡Por favor, papi, no digas eso! Soy yo el afectado. ¡Tu hijo! —respondió irritado Juan Alberto.

—Tienes razón —dijo Esteban indulgente.

Luego de intercambiar miradas, padre y madre decidieron dar por terminada la charla sobre el tenis. Al mirar a Aldo siempre se preguntaban en silencio qué tema hablarían con él. El dilema no era la escasez sino la abundancia de asuntos con los que podían conversar con su hijo menor. Pero la realidad es que muchos temas no los discuten simplemente porque no son expertos en ellos. Cada vez que Natasha y Esteban miran a su hijo, se maravillan de cómo un ser tan especial puede ser parte de una familia tan común. Ni Natasha ni él podían asumir responsabilidad por todo el conocimiento que su hijo acumulaba día a día.

Aldo esperó con su acostumbrada paciencia el azote indagador. Esteban optó por abordar el tema de la geografía, área en la que al menos dominaba lo básico. La semana pasada la madre había traído a la mesa el budismo, pero terminó provocando un desastre, pues el resto de la familia no sabía ni pío del tema. Aldo aprovechó la ocasión para hablar sobre ese personaje mítico que fundó el budismo en el país que hoy día se conoce como Nepal. Juan Alberto y Samanta no pararon de bostezar y corrieron a sus habitaciones al terminar de comer. Al otro día, Samanta juró que había soñado que estaba en un templo buda ataviada con una túnica blanca y rodeada de Budas con la cara de Aldo que le aseguraban que todos somos dignos de salvación y que debemos ser compasivos con nuestros semejantes.

Esteban decidió irse por lo seguro y limitó el tema geográfico a Latinoamérica, área que conoce al dedillo por haber tomado varias clases de estudios latinoamericanos mientras cursaba la carrera de contabilidad.

—¿Qué tal te fue con el informe sobre los nasa en Colombia? —preguntó Esteban.

—Muy bien. Saqué "A" —contestó Aldo.

—¿Sobrevivirán? —preguntó Natasha.

—Dependerá del apoyo del gobierno —dijo Aldo.

—¿La NASA tiene una estación espacial en Colombia? —preguntó irónico Juan Alberto.

—Estamos hablando de los indios nasa que viven en el sur occidente de Colombia —contestó airado Aldo.

—Perdone usted. No sabía que hay otros indios sudamericanos aparte de los incas —respondió sarcásticamente Juan Alberto.

—A menos que te interese estudiar a fondo los grupos indígenas, no tienes por qué saber de los nasa —explicó Aldo —. Hay ochenta grupos indígenas en Colombia. Suena a que son muchos, pero los indios allí no suman más del cinco por ciento de la población.

—¿Por qué tienen problemas de supervivencia? —preguntó Natasha.

—Hay muchos —contestó Aldo animado—. Uno es que las guerrillas colombianas se esconden en zonas remotas. Muchas veces son desplazados cuando hay enfrentamientos con el ejército.

—¿Por qué los nasa no se unen a ellos? Así aseguran su salvación con armas más sofisticadas que el arco y la flecha —dijo Juan Alberto mientras trataba de mantener una expresión seria en el rostro.

Aldo fulminó al hermano con la mirada. Quiso contestar, pero decidió que no valía la pena. Hacía tiempo se había acostumbrado a los chistes de Juan Alberto y al final no tomaba en serio todo lo que este decía. El mejor consejo que había recibido en su vida era el de seleccionar las batallas, y esta no era una que valiera la pena luchar.

Percatándose de la situación, Esteban y Natasha no intervinieron. Aprendieron a ser más selectivos en el arbitraje de las discusiones, de lo contrario el hogar sería un campo de batalla. O un infierno caribeño. De las conversaciones con los amigos concluían que las discusiones eran el pan de cada día de todas las familias, sin importar ingreso, profesión o cantidad de miembros. Al menos a la suya le distinguía el hecho de que los detonantes principales eran la geografía, la biología y el baile. Aunque, en honor a la verdad, hubo ocasiones cuando el núcleo de la discusión había sido un último pedazo de pastel, la identidad del ladrón nocturno que sustraía el helado de chocolate del refrigerador o la película de alquiler de esa semana.

—Estuve leyendo que la situación económica en Colombia ha mejorado mucho, que ha bajado el número de adopciones en ese país —dijo Esteban.

—Hace tiempo no veo anuncios de agencias de adopciones en Colombia —comentó Natasha.

—El crecimiento económico ha ayudado a reducir la pobreza extrema —contestó Aldo mientras miraba con recelo a su hermano.

Juan Alberto abrió su boca para emitir un comentario, pero la mirada amedrentadora del padre la cerró de sopetón.

—Teresa es colombiana. Sus padres la adoptaron en Bogotá en un orfanato —apuntó Samanta.

—Hay muchas familias que adoptan cuando no pueden tener hijos o porque quieren aportar su granito de arena a nuestra sociedad —dijo Natasha.

—¿Ustedes alguna vez lo consideraron? —preguntó Samanta.

—Lo llegamos a discutir, pero la verdad es que criar tres es suficiente —contestó Esteban.

Los ojos de Juan Alberto se iluminaron de manera extraña, como si acabara de enterarse de ser el feliz ganador del millón de dólares de la lotería nacional. Después de una pausa, que todos aprovecharon para despachar otro bocado, decidió que era el momento oportuno para hablar.

—Mami, papi, es hora de decirle la verdad a nuestro queridísimo Aldo —dijo solemne Juan Alberto.

Las miradas que se cruzaron estuvieron cargadas de perplejidad.

—¿Qué? —preguntó Aldo.

Sin que su hermano pudiera verle la cara, Juan Alberto volteó a ver al padre guiñándole el ojo. Su padre sonrió cómplice. Cuando se trataba de Juan Alberto, de vez en cuando se colocaba a su nivel para aliviar un poco la carga de tanto regaño por ser el rebelde de la familia. Y la realidad es que tenía una vena artística con pocas oportunidades para ser explotada. Todos sabían la historia de que alguna vez fue un actor destacado en la clase de drama en la escuela secundaria.

—Que tú, nuestro querido hermano, eres adoptado —disparó Juan Alberto inmisericorde.

El bombazo de la información aniquiló a Aldo mientras Natasha comenzó a reír con la ocurrencia de Juan Alberto. Pero Esteban la miró guiñándole el ojo. Perturbada, Natasha frenó de un golpe su risa. Samanta se dio cuenta de lo que estaba sucediendo y decidió unirse a la inusual broma familiar. Era la primera vez que veía a Aldo confundido, y esto le agradaba. Amaba a su hermano, pero no podía dejar de sentir celos de su supuesta perfección ante los ojos de familiares y maestros.

Aldo recorrió con su mirada los rostros de su familia. "¿Estarán bromeando?", se preguntó. Miró a los padres, pero la seriedad de los rostros detonó su alarma interna. ¿Acaso podría ser cierto? ¿Sería por eso que era tan diferente a sus hermanos?

—Por eso eres tan distinto. Naciste en otra cultura, y aunque hemos tratado de que te sientas como nosotros, es obvio que no lo hemos logrado —remató Juan Alberto.

El joven se giró a ver a su madre, ansioso, y deseoso de saber la verdad. Natasha bajó la mirada. Se le hacía muy difícil mentir pero tampoco quería arruinar la broma familiar. Aldo miró a su padre, quien lo observaba con solemnidad.

—Te adoptamos en un orfanato de las Naciones Unidas cuando tenías dos semanas —dijo Samanta.

—Pero no te hagas muchas preguntas porque la verdad es que no tenían información sobre tu familia. Alguien te dejó abandonado a las puertas del orfanato en la Ciudad de Nueva York. Los intentos de averiguar más fueron inútiles —dijo Juan Alberto.

¿Un orfanato de las Naciones Unidas? ¿En Nueva York? Sus padres habían vivido allí durante varios años, justo antes de él nacer, cuando su padre trabajaba para una importante firma de contadores y la madre enseñaba en una escuela pública.

—Igual te queremos y estamos orgullosos de que seas nuestro hermano —dijo Samanta.

Natasha miró preocupada al hijo por el impacto que podría tener la broma. De los tres, era el más sensible, y en más de una ocasión, cuando era niño, preguntó si era adoptado. Siempre llamó la atención por tener un físico tan diferente al de los hermanos.

Al notar la preocupación sembrada en sus ojos, Natasha decidió que la broma tenía que concluir en ese mismo instante.

—Aldo, son bromas de tus hermanos. ¡Claro que eres nuestro hijo! —aseguró mientras extendía su mano para tocar tiernamente la de su hijo menor.

La confusión y el tormento se mezclaron hasta que Aldo logró mirar al padre. El desconcierto emocional del joven perturbó a Esteban. Concluyó que el chiste había sido de muy mal gusto.

—¡Claro que eres nuestro hijo biológico! ¡Jamás debí seguirle la corriente a tu hermano! —dijo arrepentido.

Con autoridad, Esteban miró a Juan Alberto, quien trató de ocultar una risita nerviosa al tiempo que carraspeaba la garganta para declarar con exagerada ceremonia: "Es cierto. Eres nuestro hermano biológico".

Aldo aún dudó, confundido por el lenguaje corporal misterioso de sus hermanos. Al verlo tan preocupado, Samanta no resistió y soltó un torrente de carcajadas de las cuales Juan Alberto se hizo eco. Esteban se levantó furioso, dio un manotazo en la mesa y señaló hacia la puerta.

—¡Basta! ¡Váyanse si no pueden comportarse! —sentenció Esteban.

Con renovada agilidad, Samanta y Juan Alberto corrieron mientras trataban de acallar las risas. Esteban fijó la mirada en su hijo. No se perdonaba haber sido cómplice de una broma tan bochornosa. ¿Cómo pudo olvidar lo sensible que era y que cuando aún era un niño lo asaltaban las dudas sobre su verdadera identidad por los contrastes con sus hermanos? Cuando tenía apenas seis años, Aldo llegaba de la escuela para esconderse a llorar de furia en el comedor gracias a las burlas de sus compañeros, que no entendían cómo un niño podía llorar por la muerte de una sabandija o tener gustos tan extraños. Una Navidad Aldo fue blanco de bromas por su empeño en pedirle a Santa Claus una guitarra española para aprender a tocar flamenco.

—Aldo, eres nuestro hijo y nada de lo que se dijo aquí es cierto —dijo Esteban amainado ante la emoción que amenazaba con apoderarse de él.

—Fue de muy mal gusto. Lo siento, hijo —agregó Natasha, batallando para no llorar al ver a su hijo tan perturbado.

Corriendo la cortina de hierro a la que recurría para sobrevivir en situaciones donde debía reinar la razón, Aldo los miró y forzó una sonrisa. Por más que se propusiera borrarlo, el incidente sembró incertidumbre en terreno fértil.

—Tranquilos. Sé que es una broma —dijo Aldo.

Se levantó de la mesa con gallardía, y con firmeza se marchó hacia la seguridad estrambótica de su dormitorio.

2

El largo trayecto le ofrece a Aldo el lujo de repasar la escena de la noche anterior; apenas están a dos semáforos de la escuela. Justo cuando el semáforo cambia a rojo su madre lo mira por enésima vez por el espejo retrovisor. Pero ahora decide hablarle, lo cual es inoportuno para el joven, que quiere, o mejor dicho, necesita llevar la reflexión a una conclusión.

—Espero que tu preocupación no tenga nada que ver con el incidente de anoche. Tu padre y yo estamos muy arrepentidos de haber permitido que Juan Alberto siguiera con la broma.

Aldo estudia a la madre. Si fue una broma de mal gusto, ¿por qué está tan preocupada? ¿Por qué no cerrar ese capítulo y seguir con la rutina como si nada hubiese sucedido anoche?

—No tiene nada que ver con lo de anoche. Ya te lo dije, mami —contesta Aldo.

Natasha lo mira y decide no tocar más el tema. Juan Alberto observa con sarcasmo a su hermano. Se enorgullece de que, por primera vez, lo asalten las dudas existenciales como a todos los jóvenes de su edad. Admira la independencia de criterio de Aldo, pero no deja de sentir envidia. Contrario a sus padres y a Samanta, preocupados por los efectos secundarios de la broma, Juan Alberto no ha perdido ni un minuto de sueño y confía en la fortaleza del hermano, aunque el incidente haya sacudido su fibra emocional.

Aldo baja con prisa del carro. Duda en darle un beso de despedida a su madre, pero decide hacerlo al notar la adolorida mirada que no ha encontrado perdón. Aun si no fuera realmente su madre, lo crió como un hijo biológico, y no recuerda día o noche que se sintiera menos amado que sus hermanos. Se acerca y la besa, deseando en silencio que ninguno de sus compañeros de clases esté viendo la escena.

—Te amo —dice Natasha mientras acaricia la cabeza de su hijo.

—Lo sé, mami —responde Aldo.

Sin voltear a ver a Natasha, quien sigue mirándolo con dulzura, camina hacia la escuela.

La primera en recibirlo es Priscila. Aunque un año mayor que él, es su amiga inseparable desde que coincidieron en la biblioteca cuando él cursaba el cuarto grado y ella el quinto. Le llamó la atención que alguien más joven que ella leyera con avidez sobre el desierto más grande del mundo, el Sahara. Era un tema del que ella conocía mucho. Su curiosidad provenía de los reportes meteorológicos que anunciaban la llegada de las arenas del Sahara a otras regiones del mundo y su impacto en el clima y los pacientes asmáticos como ella.

De tez negra, pelo negro corto rizado y ojos marrones, Priscila se sentía sola en su nueva escuela, en la cual aterrizó tras mudarse a Puerto Rico junto a sus padres y tres hermanos después de vivir varios años en Brasil. Su padre fue transferido por la firma con la que trabaja como ingeniero eléctrico. Priscila fue la que le enseñó a Aldo las primeras palabras en portugués.

El día que se conocieron en la biblioteca Priscila quedó impresionada con el conocimiento de su nuevo amigo. Sin mediar acuerdo alguno, se encontraban todos los días a la misma hora. Priscila era la única persona con la que él podía dar rienda suelta a los sentimientos y confesarle cosas como lo triste que se sentía cada vez que visitaba en el asilo de ancianos a Niran, su vecino tailandés. Le contó que fue él quien le enseñó las técnicas básicas del *muay thai*, un tipo de boxeo que es el deporte nacional de ese país asiático. Niran, que significa eterno en tailandés, vivía en el olvido en este lado del planeta, pues a su familia nunca se le permitió emigrar y reencontrarse con él. Se refugió entonces en el trabajo como maestro de *muay thai* y poco a poco tuvo la cantidad suficiente de estudiantes para mudar la academia de la marquesina de su casa a un local en un céntrico edificio. Los padres de Aldo retiraron su tajante objeción inicial al deporte tras conocer a Niran y estudiar el tema.

Ese lunes encancaranublado Priscila lo recibe con un simple "hola". Él corresponde, pero a todas luces, ni el saludo ni su emisor son los mismos de antes. Aldo mira el reloj pulsera y acelera el paso hacia el salón de geografía.

—Luego hablamos. Voy retrasado a la clase —dice Aldo.

Priscila lo mira extrañada al ver la hora en su reloj. Lo sigue.

—Faltan diez minutos. ¿Por qué no me contestaste el *email*? —pregunta Priscila.

—¿Cuál mensaje? —dice Aldo.

— Chico, ¿cuál es tu prisa?

—No puedo hablar. Debo corregir algo antes de que comience la clase —dice Aldo, acelerando más su paso para dejarla atrás.

Priscila sabe que algo inusual afecta a su amigo. La pista más contundente es que sus ojos evaden su mirada. Tampoco sonríe y, por primera vez, una línea de preocupación surca su frente. De más está mencionar que Aldo se conecta cada mañana y cada noche a la Internet de manera que algo de muy grandes ligas tuvo que haber pasado para que no lo hiciera ayer. Demasiados e inusuales incidentes para un chico metódico como su amigo.

Mientras se aleja, Priscila percibe que no es el momento para exigir una respuesta. Se voltea con su elegancia acostumbrada para ir al salón de clases, no sin antes hacer una anotación mental de seguir insistiendo hasta dar con una respuesta convincente. Al igual que Aldo, se jactaba de nunca darse por vencida en la búsqueda de una verdad.

La parquedad con su mejor amiga hace sentir mal al joven, pero no está de ánimo para fingir y dar explicaciones. Ya una vez le había comentado a Priscila que su sexto sentido le decía que la familia ocultaba un secreto, y en ocasiones discutieron la posibilidad de que él no fuese hijo biológico de sus padres. Tras un análisis poco metódico ambos se reían. Sabían que son muchos los niños y jóvenes que en algún momento de su existencia terrenal se cuestionan quiénes son sus verdaderos progenitores.

Priscila siempre insistía en que el mero hecho de tener rasgos físicos diferentes no era evidencia suficiente, ya que ella no se parecía a sus hermanos y nunca había cuestionado los lazos biológicos. Claro, que en su caso había pocas dudas debido al parecido tan evidente con su madre y los lunares heredados de su padre.

Aldo entra al salón de clases y se sienta en una de las filas de atrás. Esto llama la atención de más de uno de sus compañeros ya que siempre ocupa uno de los pupitres más cercanos a la pizarra. Después de todo, Geografía es su clase favorita. Arriba el joven profesor Díaz, quien cursa estudios de postgrado en Geografía en su afán de convertirse en profesor universitario. Los estudiantes se sienten orgullosos de tener a un profesor joven y con tanto conocimiento de la materia. Cuando habla, todos olvidan el detalle de los mahones desteñidos, el pelo desaliñado y el que su guardarropa consista de solo tres camisetas —una violeta claro, una verde, y otra azul cielo—. Sus estudiantes han discutido la posibilidad de que esa sea la vestimenta que usa para enseñar, y que tenga otras prendas de vestir que con mucha probabilidad sean demasiado decorosas para una escuela.

El profesor Díaz se asombra al no ver a Aldo sentado en los pupitres delanteros.

—¿Y Aldo? ¿No vino hoy?

Todos se echan a reír. Algunos apuntan hacia las filas al fondo del salón de clases. Aldo levanta la mano tímidamente.

—¡Ah! Ya me extrañaba no verte en la clase —comenta el profesor.

El joven guarda silencio. Hoy le urge pasar desapercibido. Hubiese querido quedarse en casa, pero eso levantaría más las sospechas de su madre porque rara vez faltaba a la escuela.

—Bueno, como les prometí, hoy vamos a hablar de Mesopotamia y Persia. Espero que hayan repasado la presentación en línea.

Aldo abre el cuaderno de apuntes con pocos deseos.

—A ver, ¿a qué país se le llamaba antiguamente Mesopotamia? —pregunta el profesor Díaz.

Tres manos decididas trepan en el aire y compiten por la atención del profesor. Díaz nota que Aldo no hace gesto alguno. Intuye que algo le inquieta pues es evidente por su mirada perdida que lo menos que le preocupa es el nombre moderno de Mesopotamia.

—¡Alicia! —dice el profesor.

—Mesopotamia es la región entre los ríos Tigris y Éufrates, lo que hoy en día se conoce como el área no desértica de Irak —contesta Alicia.

—¡Excelente! —exclama el profesor.

Aldo no logra evitar que los pensamientos se alejen a alta velocidad de Mesopotamia y el salón de clases. A pesar de la insistencia de sus padres, en el fondo del corazón siente que hay algo de cierto en la broma de Juan Alberto. Las diferencias físicas no son realmente la evidencia más categórica. Muchas veces había estudiado el álbum familiar y se había asombrado de la riqueza étnica de sus ancestros.

Su bisabuela materna era de la India y conoció a su esposo, un soldado británico, durante la ocupación británica de la India que duró hasta 1947. Ambos montaron un negocio de exportación y se dedicaron a viajar desde su base en Londres. La primogénita, Indira, partió para cursar estudios universitarios en los Estados Unidos y allí conoció a su abuelo materno, Iván, un estudiante de administración comercial nacido en los Estados Unidos, de padre peruano y madre chilena. Su madre Natasha, una de tres hijos, eventualmente conoció a Esteban en una universidad en Boston.

Por el lado paterno, su bisabuelo fue un alemán que emigró hacia América Latina en busca de aventura y fortuna, pero en el trayecto se casó con una española que conoció en el barco rumbo a América. A Aldo le encantaba escuchar la historia de ese épico amor en boca del abuelo porque sus bisabuelos al principio se comunicaban por señas, ya que ninguno hablaba el idioma del otro. Se establecieron en República Dominicana, donde el alemán terminó aprendiendo español a duras penas. Allí engendraron ocho hijos a quienes inculcaron el amor por la tierra y la agricultura. El abuelo de Aldo, Adelbert (nombre alemán que significa "famoso por nobleza"), fue el único que decidió ir a la universidad y terminó en una prestigiosa institución en la costa oeste de Puerto Rico. Su sueño era convertirse en ingeniero civil. Allí conoció a Clotilde, la abuela Clotilde, quien estudiaba Psicología y residía en un edificio aledaño al del abuelo Adelbert. De esa unión nacieron cinco hijos. Entre ellos estaba Esteban, quien se mudó a los Estados Unidos para estudiar contabilidad. Después del flechazo de Esteban y Natasha en Boston, la pareja decidió establecerse en Puerto Rico.

Lo que alimenta su intriga y la teoría de que es adoptado son las miradas soslayadas que muchas veces captó entre sus familiares. Una vez escuchó a una de las tías decirles a sus padres que alguien tendría que eventualmente contarle lo que pasó. La oración fue recibida con un silencio penetrante. Justo en ese momento, Aldo, con apenas siete años, traspasaba el umbral de la sala sin poder evitar ser testigo de la tristeza que nublaba sus ojos y la expresión de preocupación de su madre, que hábilmente cambió el rumbo de la conversación.

¿Por qué le apasionan temas tan ajenos al resto de la familia? ¿Quién era su verdadera familia? ¿De qué país provenía? ¿A dónde pertenecía? ¿Por qué fue dado en adopción?

Respira con intensidad y jura que va a encontrar sus verdaderas raíces para aclarar sus dudas. Jura no desanimarse en el camino, por muy duro que sea aceptar la verdad. Y el tercer juramento es no dejarle saber del nuevo empeño a la familia para no preocuparlos. Una vez tuviera toda la evidencia en las manos, los confrontaría y no tendrían más remedio que contarle la verdadera historia.

Para su alivio, en ese momento suena el timbre que indica que es el fin de la clase. De regreso del viaje mental, le sorprende al ver en la pizarra una oración que no recuerda haber visto al comienzo de la clase: Irán, conocida en Occidente hasta 1935 como Persia, tiene una población de casi 78 millones de personas. ¿Por qué rayos pensó que ese país de Oriente Medio era más pequeño? Hizo una anotación mental de buscar más información una vez dilucidado el secreto familiar.

3

Aldo se refugia entre las atestadas paredes de la biblioteca. Tiene dos horas libres antes de la próxima clase. Pero una preocupación merodea su cerebro. ¿Debe contarle a Priscila lo que se propone hacer? ¿Creerá que está loco? Hay una parte suya que alberga reservas sobre compartir este hallazgo: la razón le dice que no hay motivo para dudar de la palabra de sus padres.

Por otra parte, necesita un aliado en esta misión y siente que Priscila es la única que puede ayudarlo en la búsqueda de la verdad. Luis Manolo y Eduardo son buenos amigos también, pero no entenderían su dilema existencial. Ellos están más interesados en los resultados del próximo partido de fútbol y la última novedad en el campo de la tecnología. Tampoco dirá nada a sus hermanos. De seguro avisarían a sus padres. De ambos, es con Samanta con quien mejor se lleva porque ayudó a cuidarlo desde que era un bebé. ¿Tendría que ver su ternura con el hecho de ser adoptado?

En la biblioteca, revisa el plan de trabajo que redactó mientras divagaba en la clase de Geografía. El primer paso es encontrar la agencia de adopción. Se prepara para investigar usando las herramientas de búsqueda del Internet. ¿Dónde comenzar? Recordó las palabras del hermano de que fue adoptado en una agencia de las Naciones Unidas en la Ciudad de Nueva York. Después de respirar profundamente, escribe las palabras "Agencia de adopción Naciones Unidas" en el buscador. Pulsa "búsqueda". Dos segundos transcurren antes de que aparezcan "886,289 resultados".

—¡Bingo! —dice en voz alta, olvidándose del pacto de silencio al entrar al recinto. Pero al parecer no lo dijo lo suficientemente alto como para ser víctima de alguna mirada recriminadora.

Revisa los resultados; concluye que las Naciones Unidas, la organización internacional de gobiernos que facilita la cooperación entre los países, no tiene un orfanato. Lo que ha hecho es "adoptar" miles de acuerdos con miles de países relacionados con miles de temas, lo que explica los miles de resultados de la búsqueda.

Molesto, deja golpear suavemente su cabeza contra la pantalla de su computadora. La búsqueda será más difícil de lo que pensaba. ¿Valdrá la pena? ¿No será mejor suplicarle a su mamá, con la que tiene una relación estrecha, que le diga la verdad?

Decide simplificar la búsqueda usando dos términos: orfanato y Naciones Unidas. El resultado es igualmente frustrante. Solo aparecen referencias relacionadas con fotos y noticias que contienen información sobre niños en orfanatos y variados programas de las Naciones Unidas. Nada sobre un orfanato en manos de esa entidad. Una búsqueda adicional en la página web de las Naciones Unidas revela que el organismo no tiene un orfanato, aunque sí muchas entidades que se dedican al bienestar de refugiados en todas partes del mundo; algunas de ellas, orfanatos que tienen oficinas satélites en América del Norte y Europa para facilitar las adopciones.

Mira el reloj. Es hora de almorzar, pero el estómago no da señal alguna de requerir alimento. Esta vez decide concentrar la búsqueda en las agencias de adopción internacionales con sede en Nueva York; mejor dicho, en la Ciudad de Nueva York. La respuesta es la más esperanzadora o menos desesperante hasta ahora: 58 resultados. Aldo percibe una presencia. Sabe, por el olor a jabón de jazmín, que es Priscila.

—¿Qué hubo? No te vi en la cafetería —dice Priscila.

Es en ese momento que Aldo resuelve contarle a su amiga lo que está pasando. De no hacerlo, Priscila no pararía de indagar. Además, tiene la necesidad imperiosa de compartir su angustia y su confusión. ¿Quién mejor que su mejor amiga?

Vuelve a verificar la hora. No cuenta con el tiempo para contarle los pormenores de su misterioso comportamiento.

—Priscila, hay algo que tengo que contarte, pero no puede ser ahora. ¿Podemos caminar juntos en la tarde hacia la casa?

Priscila lo mira con curiosidad y esboza una sonrisa. Se alegra de que Aldo esté dispuesto a confiarle lo que le acongoja.

—Claro que sí. Te espero a la salida.

El joven empaca sus pertenencias y sale de la biblioteca. Siente que el peso del agobio es menor ahora.

4

Priscila sigue con la boca abierta, asombrada ante el relato de su amigo. Apenas faltan dos cuadras para llegar al edificio donde vive.

—Lo mejor es que le preguntes a tu madre. Te dirá la verdad.

—Se angustiaría más si sabe que sigo dándole vueltas a este asunto en mi cabeza. Debo tener más información para confrontarla —contesta Aldo.

Priscila se detiene.

—¿Cómo rayos vas a dar con la información? Tú mismo dices que hay más de cincuenta agencias en Nueva York y ni siquiera tienes datos básicos ni tampoco la edad para estar preguntando —dice Priscila.

—Créeme que lo he pensado. Pero por algún lado tengo que comenzar.

—¿Y si descubres que tus padres dicen la verdad? Habrá sido todo una pérdida de tiempo.

—No lo veo así. Habré aprendido sobre otro tema que seguro me será de utilidad en el futuro.

Priscila mira seria al amigo. ¿Estaría perdiendo el juicio? ¿Estará fantaseando todo esto? Pero Priscila lo conoce muy bien y sabe que no es propenso a fantasear. Más de una vez tuvo que recordarle que aún era un joven con licencia para crear su propio mundo.

—Si te lo conté es porque confío en ti y necesito tu ayuda —dice Aldo.

Priscila reflexiona por unos segundos mientras lo estudia con la mirada; su pedido es honesto. Le consta que a pesar de la coraza, es muy sensible. No podría dejarlo solo en estos momentos.

—Te ayudo —dice Priscila.

Con la emoción a flor de piel, Aldo extiende la mano para estrechar la de Priscila. Los dos se saludan mientras repiten al unísono: ¡Eso!

Al llegar al edificio de Priscila ya se han distribuido el trabajo para el próximo día. Priscila investigará sobre los derechos de los hijos adoptados para conseguir más información sobre sus padres biológicos mientras que Aldo comenzará a estudiar las agencias de adopción en la Ciudad de Nueva York.

—Te veo mañana después de la escuela —dice Priscila.

—*Ciao*, Priscila. Gracias por tu apoyo y por creer en mí.

—O soy igual de lunática que tú o creo que en el fondo tienes toda la razón.

—¿Por qué no pensar que las dos teorías son correctas? —responde Aldo, mientras le guiña un ojo para seguir rumbo a casa.

El silencio de los lunes arropa a Aldo cuando entra a su casa. Es el día en que sus hermanos llegan después de las siete tras las actividades extracurriculares. Es también el día de la clase de aeróbicos a la que asiste su madre. En la cocina, la cena reposa en el interior de las humeantes ollas. Verifica el menú semanal que está en exhibición en la puerta del refrigerador. De ese modo puede comprobar si alguno de los extraños guisos que a sus padres les gusta preparar contienen el ingrediente prohibido, que en el caso de hoy lunes es la ternera. Opta por comerse un plato de arroz con habichuelas.

Agradece no tener que confrontar a la familia, pues aún se siente vulnerable. Siempre pensó que una vez que traspasara el umbral de los diez años la relación con Juan Alberto mejoraría. Después de todo la brecha entre ellos es de apenas dos años. Pero sus excéntricos gustos lo alejaban cada vez más de su hermano, quien ni siquiera lo invitaba a entretenerse con los videojuegos.

Aldo evita hablar sobre sus logros frente a su hermano. Una vez escuchó a su madre hablar de cómo Juan Alberto tuvo que recibir varios tipos de terapia durante la niñez para poder estar académicamente al nivel de su edad. No hay duda de que Juan Alberto es brillante, pero no tiene la capacidad de concentración de los otros hermanos. Las comparaciones eran inevitables, por mucho que los padres trataran de evitarlo. Pero nunca hubo resentimientos que propiciaran rivalidad o intriga.

Aldo era el admirador número uno de quien le enseñó a jugar tenis y a correr bicicleta.

Lava los trastes y se dirige hacia el dormitorio. Tiene tareas pendientes para mañana, pero determina dedicarle una hora a la investigación sobre las agencias de adopción. Al ver la lista de agencias se pregunta cómo rayos dará con la que lo dio en adopción. Para su alivio, encuentra que las agencias están clasificadas por áreas residenciales. Si la memoria no le falla, recuerda que su madre comentó que vivieron en un apartamento de una habitación en Manhattan. Este detalle elimina de la lista a los condados de Brooklyn, Queens y Staten Island. Aún así, quedan dieciocho agencias en Manhattan. Decide concentrar la búsqueda inicial en las agencias que quedan cerca de las oficinas principales de las Naciones Unidas, en el lado este de la ciudad. La búsqueda se reduce a tres agencias, de las cuales una en particular despierta su curiosidad, la Agency for International Adoption. Está convencido de que el éxito de su misión radica en concentrarse en las agencias internacionales a raíz de que sus rasgos no son anglosajones.

Aldo confirma que son casi las nueve de la noche; aún no ha hecho las tareas. La regla en el hogar es que, por ser el menor de la familia, debe apagar la luz a las 9:30. Es hora de concentrarse en el examen de Ciencias.

Abre el libro de texto en el capítulo sobre el cuerpo humano. Tiene que aprender la localización y el nombre de todos los órganos. No puede dejar de ocultar el asombro ante lo perfecto que ha resultado ser el organismo humano luego de siglos de evolución. Cierra los ojos y repite en voz alta: "El órgano más grande es la piel. El hueso más pequeño es el estribo y se encuentra en el oído medio. Un humano adulto tiene 206 huesos". No advierte que la madre ha entrado a la habitación.

—¿Cómo te fue en la escuela, mi amor? —pregunta Natasha.

Aldo se levanta y la besa. Natasha sonríe y cariñosamente juega con el pelo rizo del hijo.

—Bien. Estoy estudiando para la prueba de ciencias —dice Aldo.

—Ya son casi las nueve y media. Hora de acostarse.

—Sí, ya casi acabo.

Natasha se va de la habitación. Sabe que al toque de las 9:30 su hijo menor apagará la luz. Es igual de disciplinado que su padre, y ellos apuestan a que seguirá la carrera de contable aunque en el presente le cuesten un poco las matemáticas.

El joven echa una última ojeada al libro de texto y al diagrama del cuerpo humano. "¡Fascinante!"

***

Aldo despierta flotando en un sitio muy oscuro. Mira a su alrededor y no logra identificar dónde se encuentra. Juraría que el líquido que arrastra a la primitiva canoa no es agua, sino sangre. El paisaje le resulta familiar hasta que oye un ruido estrepitoso parecido a un martillo que golpea sin cesar. De la fuente del ruido emanan chorros que aseguran su desplazamiento a través del río. ¿Sangre?

Cierra y abre los ojos sin poder creer lo que ve. ¿Estará realmente navegando dentro del cuerpo humano?

De repente, escucha una voz femenina que lo llama. "¡Aldo!" El tono es dulce, con un leve acento extranjero, y sin prisa lo invita a seguir remando hacia el corazón. Una vez allí, la voz le susurra: "Tu nombre lo dice todo. Escucha a tu corazón".

***

Aldo despierta de un sopetón, levantando la cabeza del escritorio. Mira la pantalla del monitor y se sorprende al ver un corazón latiendo. ¿Qué fue lo que soñó? Recuerda vívidamente cada detalle de ese viaje misterioso en canoa y juraría que no fue un sueño. Sacude la cabeza negando y se convence de que necesita irse a dormir. Su cuerpo responde complacido a la invitación a rendirse a un sueño largo y profundo.

5

Al llegar a la biblioteca, Priscila está sentada frente a una de las computadoras. Su expresión no delata emoción, así que Aldo concluye que le espera una larga explicación sobre sus hallazgos en torno a los derechos de los hijos adoptados. Todavía duda si contarle a su amiga el extraño sueño de la noche anterior.

Priscila no lo mira a los ojos cuando está parado frente a ella. Decide esperar a que sea él quien primero comparta la información. Está segura que será de mayor valor que la que ella ha obtenido hasta ahora.

—Hola. ¿Buenas noticias? —pregunta Aldo.

—Te estaba esperando —contesta Priscila.

Se sienta frente a su amiga con la ilusión palpable en el rostro. Priscila al fin levanta la mirada y la fija en su amigo. Aldo ve tristeza y se preocupa por la información que está a punto de brotar de los labios de su amiga.

—Si no quieres que tus padres adoptivos se enteren, tendrás que esperar hasta cumplir dieciocho, por ser menor de edad —explica Priscila—. Solo podrás comenzar el proceso de localizarlos antes de esa edad si tus padres lo hacen por ti.

Aldo le escudriña los ojos para ver si oculta algún otro dato más sustancioso. Son transparentes. Está claro que ha descargado toda su tensión dadas la soltura de sus hombros y el relajamiento de las venas del cuello. Siempre sabe cuándo Priscila está tensa con solo echarle una mirada al cuello y los hombros.

—Un detalle que se me olvidaba —dice Priscila—. En algunos estados, la ley dice que los padres biológicos o niños adoptados que se interesen por saber más el uno del otro pueden hacer una declaración jurada explicando que tienen interés en ser contactados. Eso sí, en tu caso tendrían que hacerlo tus padres adoptivos, o puedes esperar.

Aldo no reacciona a la información. Recuerda haber visto un documental en la escuela sobre el tema de la adopción que recalcaba que algunos padres biológicos no tienen interés alguno en ser contactados. Así que no le sorprende que el proceso de llegar a la información que busca sea tan difícil. ¿Será mejor olvidarse del asunto por al menos tres años más? No tendría el corazón para arrastrar a sus padres adoptivos por un proceso tan doloroso y largo después de todo el amor que le han dado a través de los años. En honor a la verdad, si no hubiese sido por el comentario de Juan Alberto, no hubiese revivido la teoría de que había una gran posibilidad de haber sido adoptado. En ocasiones, sus amigos también bromeaban sobre la posibilidad que no tiene mucha información. Luego de una respiración profunda, éste le cuenta sus hallazgos con su característica meticulosidad.

Priscila, que siempre espera hasta que alguien concluya un relato para hacer las preguntas pertinentes, no lo interrumpe. En este caso, solo hay una: "¿Y ahora qué?". Aldo la mira con la expresión neutral. Pocas veces se queda sin una respuesta, y esta es una de ellas.

—Mi plan era escribirle a las agencias pidiéndoles la información. Descartado si no tengo la edad —dice Aldo.

—Hay sitios en línea que te ayudan a buscar la información sobre tus padres biológicos —dice Priscila.

—Sí, hay cientos. El problema es que no tengo nada de información. Ni siquiera la nacionalidad de mis padres.

Priscila fija su mirada en el amigo mientras en sus ojos se va asomando un rayo de esperanza.

—¡Ahí está! Lo primero que debemos saber es la nacionalidad de tus padres —dice Priscila.

Aldo la mira sin inmutarse y Priscila se da cuenta de que no ha entendido la propuesta.

—Ya sé que no tienes nada de información, pero podemos tratar de averiguar sobre tus ancestros por tus gustos y rasgos físicos. Buscamos también información sobre los países que más niños daban en adopción en la época en que naciste. Ahora hay muchas familias adoptando en países rusos, pero antes venían de México, Colombia y China.

—Buena idea, pero tomará mucho tiempo. Mis rasgos físicos no son de un grupo étnico en particular. Tú misma lo has dicho miles de veces.

—Por algún lado tenemos que comenzar —dice Priscila mientras teclea con renovada energía en la computadora.

—¡Bingo! Hay un sitio en la Internet con estadísticas de adopciones por país durante los últimos treinta años.

—El año en que naciste, China, India, Guatemala, Honduras, El Salvador y Colombia fueron los países que reportaron mayor número de adopciones por residentes de Estados Unidos, lo que implica a Puerto Rico, por supuesto —explica Priscila.

Priscila mira detenidamente a Aldo mientras continúa su búsqueda tenaz. En el monitor aparece el mapa de China con todas sus provincias.

—No creo que sea China el país que buscamos. No tengo rasgos orientales —dice Aldo.

—No podemos descartar que tu madre o padre biológico se haya casado con un extranjero —dice Priscila.

Aldo se queda pensando por unos segundos. Se levanta y busca un tomo de una enciclopedia. Esboza una sonrisa cuando encuentra la información que busca.

—Olvídate de China. El gobierno chino permitió a los estadounidenses adoptar a sus niños a partir del 1992, pero el 95 por ciento han sido niñas, ya que las familias las daban en adopción para poder tener un varón —explica Aldo mientras lee—. Hay una ley en China que dice que las familias que viven en ciudades pueden tener apenas un hijo, mientras que las rurales pueden tener dos si el primer hijo es hembra. China es el país más poblado del mundo con más de mil millones de habitantes.

Priscila mira a su amigo con la certeza que dan los lazos fuertes de amistad.

—Descartado. La verdad es que no tienes ni pizca de chino —dice Priscila—. Es hora de darnos una vuelta por la India —añade mientras el monitor transmuta las imágenes de China por las de India.

Ambos examinan fotos de las diferentes razas indias, sus poblados y atractivos turísticos. Es cierto que la India es uno de los países favoritos de Aldo, y cuando lo estudió a fondo para un proyecto de la clase de Estudios Sociales, prometió que sería el primer país, fuera de Latinoamérica, que visitaría tan pronto tuviera la oportunidad. Es un admirador de Mahatma Gandhi, el Apóstol de la Paz que luchó de manera no violenta por la independencia de su país cuando aún estaba en manos de los ingleses. Pero su corazón le decía que no era India el país que lo reclamaba como hijo pródigo.

"Corazón. Escucha a tu corazón". Sobresaltado, Aldo recordó el sueño de la noche anterior.

—No es la India —dice Aldo con contundencia.

Se percata de que su amiga intuye que algo oculta y titubea si contarle el extraño sueño. La médula del problema no es la falta de confianza, sino el sueño lunático y descabellado que puede dar pie a que su amiga cuestione su cordura.

—Vamos. Te cuento lo que me tiene intrigado camino a casa —dice Aldo mientras se levanta y recoge sus pertenencias. Priscila sonríe y sigue sus pasos.

6

Al salir de la cocina con un sándwich de soya y alfalfa, la madre entra por la puerta principal de la casa. Luego de besarla, Aldo sigue su camino hacia el segundo nivel de la casa.

—¿Por qué no cenas conmigo hoy? —dice Natasha.

Aldo se detiene como si un resorte lo obligara a hacerlo.

—Tengo examen de inglés mañana —dice.

La madre lo mira detenidamente. Aldo no esquiva la mirada pues sabe que ese gesto lo delataría. Siempre han tenido una relación estrecha y es obvio que la comunicación entre madre e hijo no es la misma. Él lo ve como un paréntesis afectivo, pero para su madre es mucho más que eso.

Natasha suspira y decide abandonar el tema. Le preocupa que el hijo esté actuando un poco raro. A la luz de otros jóvenes, es excéntrico pero sano, responsable y amistoso. Es un chico normal en la escuela, un detalle que los maestros recalcan año tras año. La experiencia es que algunos estudiantes que recurren a excentricidades lo hacen para llamar la atención o eventualmente exhiben conductas peligrosas.

—*OK*, mi amor. ¿Podemos cenar mañana? Me gustaría hablar contigo —dice su madre—. Hay algo en esa cabecita que te está preocupando.

—Esta semana tengo los exámenes de mitad de semestre. Quizá el viernes o sábado .

—Perfecto —contesta resignada Natasha tras una pausa cuya intención era darle espacio a que hablara más y determinar si le ocultaba algo.

Al llegar al cuarto, Aldo titubea ante su próximo paso. El instinto es ir a la computadora y seguir buscando información sobre su posible lugar de nacimiento, pero el deber también llama, y necesita repasar los poemas para la clase de inglés.

Al encender la computadora encuentra un mensaje de Priscila con un corazón grande que palpita. "¿Estás escuchando a tu corazón?". Sonríe con la ocurrencia de la amiga, quien nunca reaccionó incrédula ante el relato del extraño sueño. Como él, Priscila ha leído bastante sobre metafísica, el estudio de las realidades que no tienen explicación científica. No hace mucho tiempo, asistieron a unos talleres y aprendieron que todo ocurre por una razón. Y que hay que aprender a tomar los acontecimientos en la vida como oportunidades para el aprendizaje y el mejoramiento personal, aún aquellos que son dolorosos y difíciles de entender.

Durante una hora, Aldo concentra la atención en los poemas del escritor estadounidense Edgar

Allan Poe. Aún no sale del asombro de enterarse que al morir en el 1849, apenas tenía cuarenta años. La primera vez que leyó uno de sus poemas lo encontró ridículo, su vocablo favorito para describir lo que le fascina, pero detesta admitir que le atrae. Fue la pasión de su maestro, Juan Andrés, lo que lo persuadió para que lo leyera desde otra perspectiva. Encontró que los poemas tenían un hechizo inexplicable.

Relee un fragmento de *El cuervo*, la obra magistral de Poe, que le despierta inquietud en cada lectura.

Y el crujir triste, vago, escalofriante
de la seda de las cortinas rojas
llenábame de fantásticos terrores jamás antes sentidos.
Y ahora aquí, en pie, acallando el latido de mi corazón,
vuelvo a repetir: 'Es un visitante a la puerta de mi cuarto queriendo entrar.
Algún visitante que a deshora a mi cuarto quiere entrar.
Eso es todo, y nada más'.

Lejano, pero lo bastante cerca para que Aldo pueda escuchar sin mucho esfuerzo, alguien llama a su puerta. Las pesadas cortinas crujen mientras se mecen al compás del viento suave, pero persistente que se cuela dentro de su dormitorio. Aldo abre y cierra sus ojos. Le urge confirmar que no es un sueño.

De un golpe abrí la puerta, y con suave batir de alas,
entró un majestuoso cuervo de los santos días idos.
Sin asomos de reverencia, ni un instante quedo;
y con aires de gran señor o de gran dama
fue a posarse en el busto de Palas, sobre el dintel de mi puerta.
Posado, inmóvil, y nada más.

Abre la puerta y el cuervo entra sin vacilación. Tembloroso, Aldo sale hacia el pasillo a buscar ayuda. Pero al cuervo lo sigue y le susurra: "Tu nombre. Escucha a tu corazón".

En un abrir y cerrar de ojos el cuervo desaparece sin dejar rastro alguno. Aterrorizado, Aldo cierra la puerta de su cuarto con firmeza, apaga la luz y se refugia debajo de las cobijas.

7

En la cancha de la escuela, Aldo juega baloncesto con sus amigos, Eduardo y Luis Manolo. Hacía tiempo que no jugaba porque la investigación, los estudios y otros pasatiempos absorbían sus horas libres. Eduardo le recriminó en un chateo electrónico la ausencia a los dos juegos semanales que habían sido parte de la rutina en los últimos años. La verdad es que echaba mucho de menos a sus amigos y necesitaba un descanso de tanto estudio, la Internet y las teorías descabelladas.

Eduardo es su mejor amigo desde el preescolar, cuando los dos coincidieron en el mismo grupo. Sus madres se hicieron amigas porque las dos son fanáticas del escritor argentino Julio Cortázar. Siempre bromeaban que por un pelito se salvaron de ser bautizados con el nombre de Cronopios en honor a la palabra inventada por el escritor. (Hacía poco había leído que la inventó para describir la visión fantástica que tuvo una noche de pequeños globos verdes flotando). Sus madres crearon un club de lectura llamado Cronopios y las reuniones facilitaron la amistad entre los chicos, quienes terminaron en la misma escuela elemental.

A Luis Manolo lo conoció en tercer grado, cuando se encontraban para jugar Monopolio, el juego favorito de ambos. Sus amigos piensan que Aldo es incomparable, pero a la hora de hablar, compartir y estudiar, es un joven igual que ellos. Es buen anotador en baloncesto, y achacan su habilidad a la capacidad de concentración y a la agilidad adquirida con los ejercicios de yoga. Eso sí, jamás lo invitan a jugar tenis pues no hay forma de que alguna vez dé bola con raqueta.

La primera vez que Luis Manolo conoció a la familia de Aldo, no pudo evitar quedar impresionado. Nada en su hogar parecía justificar los extraños gustos y hábitos de su amigo. Tal y como otros amigos en el pasado, Luis Manolo le preguntó si era adoptado, a lo que Aldo respondió con sonoras carcajadas. Claro está que este incidente en particular fue mucho antes de los acontecimientos que ahora trastornan su paz.

Balón en mano, Aldo se escurre entre los amigos y logra llegar al tablero para anotar otros dos puntos. Eduardo le da una palmada en la espalda mientras Luis Manolo sonríe. El buen amigo pudo haber estado un poco alejado, pero seguía siendo el mismo de siempre. Eso sí, era visible que algo extraño se había apoderado de su mente. A todas luces, vivía ahora con una preocupación que crecía a pasos agigantados.

—Es hora de un descanso —dice Luis Manolo.

—Vale —contesta Aldo.

El joven disfrutaba de compartir con los amigos más de lo que se imaginó, pero andaba demasiado preocupado como para seguir rebotando incesantemente una pelota anaranjada.

Se dirigen a la cafetería de la escuela donde se sientan a hablar mientras saborean unas batidas de chocolate, el sabor favorito de los tres. Siempre bromeaban sobre el hecho de que las calorías que quemaban a la hora del juego, las aumentaban en los quince minutos que tardaban en devorar las batidas. Era una de las pocas cosas que podían compartir con Aldo, que no contaminaba su cuerpo con cereal sin fibra, sodas o con dulces confeccionados a base de ingredientes artificiales. Los únicos dos pecados culinarios que Aldo no ha logrado borrar de su sistema son las papas fritas y el chocolate. Tiene un apetito irracional por el chocolate; fueron muchas las veces que devoró de una sentada el paquete semanal que su madre compraba. Después de leer que al igual que la papa, el cacao es oriundo de Latinoamérica y fue llevado por los españoles a Europa, aumentó su pasión por comerlo. En Centroamérica, la semilla del cacao era tan preciada que algunas poblaciones indígenas la usaban como moneda para el comercio.

Eduardo y Luis Manolo intercambian una mirada que solo ellos saben lo que significa. Eduardo carraspea e inicia el diálogo mientras Luis Manolo observa la reacción de su amigo.

—Te hemos echado de menos. ¡Qué bueno que estás aquí! —dice Eduardo.

—Sí, chico, he estado *ajorao* pero me hacía falta el ejercicio —responde Aldo.

—¿Qué es lo que te tiene preocupado? —pregunta Eduardo—. Algo te pasa y no lo puedes negar.

Aldo los mira sorprendido. Ha estado tan ensimismado en sus dilemas que no creía que la preocupación fuera tan evidente. El que la madre lo percibiera era una cosa; ella vivía con él. El que los amigos se percataran, era otra.

—Aunque sigues haciendo las mismas cosas, no eres el mismo. Además, te la pasas encerrado en el congelador con Priscila —dijo Manolo.

El "congelador" era el nombre con el que habían bautizado a la biblioteca por el frío descomunal que lo habitaba. El chiste que circulaba en la escuela por generaciones es que la bibliotecaria, Marta Sofía, no tenía necesidad alguna de hacerse una cirugía plástica, porque la temperatura glacial mantenía a raya a las arrugas. Nadie había logrado acertar su verdadera edad.

Aldo los mira y se debate sobre cuál será el próximo paso. Priscila y él han pactado no revelar a nadie lo que están haciendo. La razón no es desconfianza hacía sus amigos, sino el temor a que los tomen como lunáticos por explorar una teoría que a todas luces no tiene pie ni cabeza.

La decisión no es fácil para Aldo; la lealtad hacia los amigos es fundamental. Luis Manolo les compartió la historia de su padre alcohólico, mientras que Eduardo había relatado la dolorosa cirugía a la que su madre fue sometida para removerle un seno impactado por un implacable cáncer de mama.

—He estado distraído, ocupado con una investigación —dice Aldo —. Tenía planes de contarles, pero es algo delicado.

—¿Y por qué Priscila está involucrada y nosotros no? —pregunta molesto Eduardo.

—Tampoco le iba a decir pero, al igual que ustedes, sabía que algo me pasaba y no tuve más remedio que contárselo. Además, necesitaba que me ayudara en algunas áreas en las cuales tiene más experiencia.

Luis Manolo y Eduardo intercambian miradas de escepticismo. Priscila era su amiga también, pero la amistad con ella no era tan estrecha como la de ellos con Aldo. Para ellos, tener hermanas de la misma edad de Priscila les producía una instintiva desconfianza. Aldo nunca lo entendería. Por fortuna, su hermana era mucho mayor que él.

—Está bien chico, allá tú si no confías en nosotros —dice Luis Manolo.

—El problema no es ese. Es lo que ustedes piensen cuando les cuente —responde Aldo.

—Te prometemos que te vamos a creer —dice Eduardo con solemnidad.

Aldo los vuelve a mirar, y duda. ¿Será sabio compartir la información con sus amigos? Reflexiona y concluye que las consecuencias no serían del todo nefastas. Sabe que el secreto está a salvo con ellos y que, aunque pensaran que está loco, no lo compartirían con otros. Luego de mirar hacia los lados y cerciorarse de que no lo escuchaban, relata la historia. Sus amigos olvidan, por primera vez en sus cortas vidas, el destino cruel de sus batidos de chocolate que se derriten mientras escuchan los pormenores del relato que brota a borbotones de la boca del amigo.

8

Aldo examina la habitación con orgullo después de remover el espejo que descansa sobre la cómoda. Recién había terminado de leer sobre una práctica de origen chino que dice que los muebles del dormitorio deben ubicarse con el propósito de impedir que desde la cama uno vea su imagen reflejada en un espejo. (Debido al reducido espacio, exilió al espejo fuera de su dormitorio). Le pareció fascinante el hecho de armonizar las construcciones con el entorno después de interpretar los flujos de energía, espacio y tiempo en la naturaleza.

Pero, ¿le ayudará el Feng Shui a encontrar armonía en la vida? Desde los últimos acontecimientos, Aldo no estaba tan seguro de lo que hacía. Sus amigos abonaron a las dudas al concluir que lo mejor era confrontar a sus padres y exigir la verdad. Piensan que pierde el tiempo con las investigaciones.

Sin embargo, la intuición le dice que no, que va por el camino correcto. Es cierto que la búsqueda es a tientas, pero su corazón le dice que encontrará la respuesta al final del camino, aunque sea dolorosa y difícil de aceptar. Le consuela que los amigos no se hayan mofado al oír su relato. Con un fuerte apretón de manos y un abrazo, firmaron un pacto de apoyo y prometieron reunirse esa misma tarde con Priscila en casa de Eduardo para trazar un plan de acción.

Hoy es sábado, su día favorito porque puede levantarse a la hora que quiera sin restricciones de horario. Desde muy pequeño había evitado tener actividad alguna pautada para los sábados. Le gustaba permanecer en la cama leyendo o escuchando música. Junto al domingo, el sábado era el único día que Aldo no hacía sus ejercicios de yoga. Después de todo, el cuerpo necesitaba un descanso de los estiramientos y flexiones a los que era sometido durante la semana. (Llevaba un mes contemplando la idea de añadir un día más de descanso).

Concluye que es el momento idóneo para desempolvar la caja de recuerdos de la familia que tiene en el armario. Ahí guarda fotos, cartas y documentos que solo a él le interesaron cuando su mamá decidió hacer una limpieza y minimizar la cantidad de papeles familiares. Natasha accedió gustosa a que Aldo los rescatara porque sabía que tenía fascinación por la historia.

Baja la caja de la tablilla superior del armario. Revisar su contenido no levantará sospecha alguna en la familia, que vive acostumbrada a lo que Juan Alberto llama las boberías de Aldo. Aun así, espera que nadie lo interrumpa.

Lo primero que saca es un desgastado manto azul que la abuela materna le regaló en una de sus visitas. Pareciera ser uno cualquiera, pero los delicados bordados y las plumas adheridas cuentan una historia particular. Su abuela le dijo que era un manto inca que no debía nunca salir de la familia. Aldo no podía ocultar el orgullo que sentía de que en el hogar hubiese un descendiente de la civilización inca. Planificaba solicitar cupo en un programa de intercambio estudiantil para poder asistir a una escuela en Perú durante un semestre y así adentrarse de lleno en la cultura de ese país sudamericano que tanta historia, leyendas y tesoros arqueológicos ha legado al mundo moderno. Cuando niño, las batallas protagonizadas por sus indios de plástico eran comandadas por uno de los principales emperadores incas, Pachacútec, en Machu Picchu, el poblado hecho de piedras y construido hace más de quinientos años.

Debajo del manto está la colección de cartas que contiene lo que en años anteriores fueron las nuevas de sus ancestros. Casi se las sabe de memoria, pues las había leído una y otra vez cuando llegaron a sus manos hace tres años. Lo que le impresiona es el tono positivo y alentador de su escritura pese a que en muchas las noticias dan cuenta de desastres naturales, problemas familiares, enfermedades terminales, o catástrofes económicas. El cariño y la lealtad entre los parientes, aun cuando no se conocieran debido a la distancia o gracias a la aparición de un amor, eran tan poderosos como para opacar todas las noticias negativas.

Siente amor y orgullo profundo por cada miembro, incluyendo por aquellos que nunca llegó a conocer. ¿Será esta su familia? Si era cierto, ¿por qué aún le asaltaban dudas?

Era momento de enfocarse en las fotos. Las saca y una a una las examina, algo que hasta hoy no había hecho. Antes solo estudiaba la mirada de las personas. ¿Eran felices? ¿Cuándo recibieron el primer beso de un enamorado? ¿Cómo se sintieron cuando ese ser querido murió? ¿Habían elegido el rumbo de sus vidas? ¿Llevaron vidas a la deriva? ¿Habrían sentido un vacío como el que lo asaltaba durante las noches de melancolía?

Concentra la búsqueda en rasgos físicos claves tales como ojos almendrados y pelo rizo. Busca la foto del tío materno, el tío Emilio. Desde niño había escuchado decir que se parecía mucho a él. En la foto, tío Emilio mira seriamente a la cámara. Aldo se sonríe porque su tío no tiene nada de serio. De hecho, las malas lenguas de la familia aseguran que es un fracasado que nunca finalizó sus estudios universitarios y que terminó como asistente de oficina en una agencia de gobierno. Pero para él, tío Emilio es un ser humano feliz que disfruta de su trabajo y de la compañía de sus dos hijos, con quienes surfea todos los fines de semana. Un verdadero espíritu libre.

Tío Emilio es de ojos almendrados. El escaso cabello que le queda parece haber visto el color negro y algunos rizos en mejores tiempos. Aldo coloca la foto en la caja, desilusionado. La revisión de fotos se convirtió en tarea infructuosa. Su familia es un verdadero mosaico de razas y culturas.

Va a guardar la caja en el armario cuando se percata de que ha dejado algo fuera: un sobre grande enviado desde la República Dominicana a Puerto Rico. Adentro hay otro sobre arrugado, y con vestigios de lo que parece ser lágrimas, dirigido a la misma dirección en la República Dominicana, pero con matasellos de España. Recuerda que su bisabuela paterna, Elvira Camila, a la que apodaban Yeya, era española. Es su intención devolver el sobre a su lugar cuando escucha nuevamente lo que se ha convertido en una voz aliada.: "Aldo, tu nombre lo dice todo. Escucha a tu corazón".

Sentándose sobre la cama, examina la carta. Le resultaba algo familiar, pero no la reconoce y tampoco está seguro de conocer su contenido. "Mi amado alemán: Vamos de regreso. Perdón. Te amo, Tu Yeya", revela la breve escritura.

Busca el destinatario del sobre: su bisabuelo alemán. Examina con atención la carta y descubre que fue enviada desde Cataluña, en España. Los golpes de sorpresa en su interior redoblan al notar los rastros de manchas húmedas en el fino papel de carta. ¿De quién eran las lágrimas? ¿De la bisabuela o el bisabuelo?

¿Por qué pedía perdón su bisabuela? ¿Qué hacía ella en España? Pero lo que más le intriga es cómo había llegado esa carta a la caja. Aldo conoce al dedillo cada uno de los papeles dentro de ella y es la primera vez que la ve. Tendrá que preguntarle a su padre del misterio que encierra la historia de sus bisabuelos paternos. Recuerda haber escuchado que tuvieron una relación muy difícil por el carácter fuerte del alemán y la sensibilidad extrema de su bisabuela, quien sus vecinos y amigos aseguraban que era bruja. De sus visitas a la casa, Aldo recuerda el asomo de los ojos despiertos y alertas en su rostro arrugado, y cómo se recogía las hilachas blancas de cabello con una peineta plástica. A pesar de que los hijos y nietos le regalaban hermosos vestidos, la bisabuela no los usaba y siempre andaba con unos mahones negros y camisetas de colores pasteles. Guardaba los vestidos nuevos, aún con sus etiquetas, dentro de un baúl de cedro que insistía debía ser enterrado con ella, acompañado además de catorce rosas blancas, ocho amapolas rojas y una copia de *Cien años de soledad*: Nunca explicó la esencia del extraño pedido. Cuando su esposo murió, hacía seis años, insistió en enterrarlo en la finca que tenían en la República Dominicana y lo envolvió en telas de seda que hizo traer de la India. Fue sepultado junto a un baúl con los libros de contabilidad de la finca, sus cigarros, una pulsera de oro, siete margaritas y tres jazmines.

Aldo cierra la caja y decide que el descubrimiento es suficiente por el día de hoy. Es hora de ir a desayunar. Su padre ya debe haber llegado del supermercado. Si se retrasa, seguro irá a buscarlo. Le espera, además, una tarde larga junto a sus compañeros.

***

Aldo y los amigos están reunidos en la casa de Eduardo. Priscila acaba de contarles que la investigación cibernética de la mañana reveló que tenían que descartar a los países de Europa Occidental. Fueron pocos los niños dados en adopción fuera del continente europeo. Las repúblicas de la antigua Unión Soviética tampoco son una opción. Las adopciones en las quince repúblicas comenzaron años después del colapso de ese país en el 1991.

—Eso quiere decir que eres latinoamericano —dice Luis Manolo.

—O norteamericano. No podemos descartar a Canadá, Estados Unidos y Alaska —dice Eduardo.

Corazón, Aldo. Aldo mira a sus compañeros y sus próximas palabras surten el efecto inmediato de dejarlos boquiabiertos. Meses más tarde, cuando repasaron los días que precedieron al increíble descubrimiento, los amigos juraron que los ojos de Aldo estaban poseídos por otro ser cuando profirió las palabras que escucharían a continuación.

—Estamos perdiendo el tiempo. No soy adoptado —dice Aldo.

Priscila es la primera que emerge de la estupefacción en la que sin remedio se hunden luego de que su amigo pronunciara con pasmosa naturalidad esas palabras.

—¿Qué rayos dices? —dice Priscila.

Luis Manolo y Eduardo no salen del trance provocado por la temeridad del amigo al despachar noches de desvelo por su bienestar con apenas siete palabras. Sus palabras impactan porque vienen acompañadas por la convicción característica del amigo.

—No me pregunten cómo es que lo sé porque yo tampoco lo entiendo —dice Aldo.

—¿Has encontrado más información? —pregunta Priscila.

—No, es más complicado. Tengo la corazonada de que la adopción fue una broma pesada de Juan Alberto.

—¡Duh! Todos dijeron que era una broma, pero no te lo creíste —dice Eduardo.

Aldo recorre con una mirada a sus amigos. No será fácil explicarles lo que le sucede. Cierra los ojos y respira profundamente.

—Hoy estuve revisando papeles viejos de la familia y se cae de la mata que tengo rasgos de algunos de mis ancestros. Ya les he contado sobre la mezcla de sangres tanto por el lado de mi mamá como por el de mi papá —dice Aldo.

Sus amigos esperan, pues saben que este no es el final de la historia. Su amigo es muy minucioso, y razones de más tendrá para concluir que a fin de cuentas no es adoptado; tampoco es de los que creen que los niños llegan por obra y gracia de la cigüeña.

—Algo sucedió en mi familia hace doce años; creo que tiene que ver conmigo —dice Aldo.

Es entonces cuando les resume lo que encontró en la caja y la milagrosa aparición de una carta que él jura nunca estuvo allí antes. Les cuenta lo de la misteriosa voz interior que lo ha llevado a indagar en otra dirección; termina el relato con una revelación que refresca las miradas atónitas de los tres amigos.

—Tengo este recuerdo vívido de mi bisabuela Yeya cuando yo tenía menos de cinco años. Recuerdo estar sentado en su falda en un sillón donde me contaba historias de la familia y de navegación. Sin embargo, cuando le pregunto a mis padres sobre ella, cambian el tema. Todavía vive en la República Dominicana y ellos no la visitan ni la llaman. Es como si nunca hubiese existido.

—¿Qué tiene que ver eso con lo de la adopción? —pregunta Luis Manolo.

—Que estoy convencido de que el misterio que esconden tiene que ver con la bisabuela —dice Aldo.

—No entiendo ni pío —dice Luis Manolo.

Aldo mira a los amigos y se da cuenta de que hay lagunas en su historia. La mitad de su conclusión es difícil de explicar, porque es pura intuición.

—Desde que soy pequeño he escuchado en varias ocasiones a alguien de la familia decirle a mis padres cosas extrañas como: si él sabe algo, que alguien debe contárselo o cosas así —dice Aldo—. Cuando se dan cuenta de que escucho, cambian el tema. En otra ocasión, a Samanta se le escapó algo y mi madre la regañó. Cuando pregunté, cambiaron el tema.

—¿Qué dijo Samanta? —pregunta Priscila.

—No me acuerdo muy bien. Tenía como seis años. Algo como que tenía las mismas manías de la bisabuela —dice Aldo.

—¿Por qué no le preguntas a Samanta? —cuestiona Eduardo.

—Es inútil. Varias veces les he preguntado por la bisabuela a ella y a mis padres y evaden el tema —dice Aldo.

—¿Y la bisabuela aún vive? —pregunta Eduardo.

—En la República Dominicana —dice Aldo.

A Priscila se le prende el bombillo y salta de la emoción.

—¡Bingo! Ahí está la solución —dice Priscila.

La miran extrañados, pues para ellos el misterio sigue siendo un enredo.

—La que te tiene que decir lo que pasó es tu bisabuela —dice Priscila—. Ella es la respuesta.

—¿Y cómo voy a preguntarle? —pregunta Aldo —. No puedo simplemente tomar un avión para ir a entrevistarla.

—Puedes escribir una carta y contarle lo que te pasa —dice Priscila—. Tú mismo has dicho que ella era, o es, muy sensible y, además, medio bruja. Explícale y estoy segura de que te escribirá.

—¿Cómo rayos sé a dónde escribirle? —pregunta Aldo.

—¿No dijiste que la bisabuela aún vivía en la finca? Seguro que todavía reside allí. La carta debe tener la dirección postal —dice Eduardo.

Por primera vez, desde que comenzó la conversación, Aldo esboza una sonrisa. La decisión de confiar el conflicto a sus amigos ha sido acertada. Entre todos han dado con los pasos claves para desenmarañar las cosas.

—¡Son un éxito! —grita Aldo.

Eduardo se levanta y va hacia su computadora. Entre los cuatro redactan la carta que sin querer queriendo enredará la existencia de Aldo y la de su familia.

9

La carta va directo al grano: su bisnieto Aldo pide que le ayude a esclarecer un misterio familiar. Tiene un vago recuerdo de haber compartido con ella cuando pequeño, pero nadie menciona su nombre desde entonces. Aldo explica cómo comenzó la búsqueda de información bajo el convencimiento de que es adoptado, y cómo ha llegado a la conclusión de que el misterio realmente tiene que ver con la bisabuela.

Habían decidido que antes de enviarla, Aldo debía hacer un último intento de preguntar a sus padres sobre la bisabuela Yeya. Aunque no suelten prenda, al menos podrá determinar si realmente la bisabuela sigue viviendo en la República Dominicana. De lo contrario, de nada valdría enviar la carta.

El momento oportuno es esa noche, durante la cena que tiene pautada con su madre en un restaurante japonés que recién abrió sus puertas. Esa mañana, en el trayecto a la escuela, le recuerda la invitación y su madre accede con gusto. Como Aldo tiene una reunión del club de las Naciones

Unidas después de la práctica de baloncesto, deciden encontrarse en el restaurante a las siete.

Aldo llega puntual y no se sorprende al verla ya sentada en una mesa. Ella siempre insiste en que uno debe estar a tiempo para una cita, o un poco más temprano, para no ser descortés.

Se saludan con un tierno abrazo; pareciera el reencuentro entre una tía con un sobrino después de muchos años. En realidad, Natasha y Aldo habían estado un poco distantes desde la noche de la broma de Juan Alberto. De la noche a la mañana, algo mágico había desaparecido de la relación entre madre e hijo, y ambos lo habían estado lamentando.

—¡Siempre puntual! —dice Natasha.

—El que lo hereda no lo hurta —responde sonriente Aldo.

Mientras saborean un té, fingen estar interesados en la oferta culinaria al revisar el menú. Aldo opta por el sushi de aguacate y vegetales, mientras que ella decide probar una combinación de salmón y atún. Una vez despachado el asunto culinario, se sonríen cómplices. Saben que es hora de sincerarse.

—Hace tiempo no hacíamos esto —dice Natasha.

—Lo sé. He estado muy ocupado con la escuela —responde Aldo.

Mientras Natasha observa al hijo tiene la urgencia de decirle algo pero las palabras necesarias rehúsan salir de sus labios. Abona al sentimiento el hecho de que esta noche siente que aunque su hijo es el mismo de siempre, merodea una preocupación entre sus pensamientos. Natasha decide pensar que esto es típico de la adolescencia y que no tiene nada que ver con el lamentable incidente de hace unas semanas.

Como preámbulo al sushi, desmenuzan los últimos acontecimientos académicos en la vida de ambos. Le gusta escuchar a su mamá hablar sobre los conflictos del día en la escuela. Conocía a cada uno de los maestros sin necesidad de haberlos visto en persona. Su madre tiene una capacidad especial para describir a las personas y contar eventos que muy pocos narradores tienen hoy. En más de una ocasión, le ha dicho que debe dedicarse a escribir y ella, sonrojada, despacha el comentario con un simple "no tengo tiempo". Cuando llega el sushi a la mesa, Aldo decide que es el momento de encarrilar la conversación hacia lo que busca.

—Oye, mami, ¿qué es de la vida de la bisabuela Yeya? —pregunta Aldo sin levantar la mirada de su plato—. Hoy estuvimos hablando de Alemania en la clase de historia y me acordé del bisabuelo alemán y de la bisabuela.

Como si la hubiesen aguijoneado, Natasha levanta la vista y aguza sus sentidos. Pero el tono de Aldo es tan natural que decide descartar la alerta. Después de todo, la bisabuela había jugado un rol muy importante en la vida de los niños cuando apenas comenzaban a balbucear y caminar.

—Sigue en la República Dominicana —dice Natasha—. ¿Por qué preguntas?

—Curiosidad. Hace años nadie la menciona y no nos visita. Ustedes tampoco fueron al funeral del bisabuelo.

El alerta se convierte en alarma y Natasha lo mira curiosa. Va a decir algo cuando cambia de opinión y opta por comerse otro pedazo de sushi, esta vez de salmón. Aldo no se desanima y decide ir al grano, aunque no de forma tan directa como lo ha hecho en la carta dirigida a la bisabuela.

—Mami, no soy un bebé. Sé que algo pasó con la bisabuela. Es como si hubiese muerto de repente —dice Aldo.

Natasha respira profundamente. Mira a su hijo y decide tener cautela hasta estar segura de lo que él sabe.

—¿Aún recuerdas a Yeya? —pregunta curiosa Natasha.

—Recuerdo estar sentado en su sillón con ella. Me contaba historias.

—La última vez que la viste tenías casi cuatro años.

Un recuerdo lo asalta: un niño llorando desesperado mientras alguien canta una nana. ¿Quién era el niño? Cierra los ojos y trata de recordar, pero su mente se va en blanco mientras escucha las estrofas de la canción. A pesar de poner resistencia, afloran sentimientos encontrados de coraje y ternura.

A la nanita nana, nanita ea,
el niño tiene sueño, bendito sea.

—No sé cómo explicarlo, pero aunque no tengo muchas imágenes de ella, siento algo poderoso cuando pienso en ella —dice Aldo.

Los ojos de Natasha se opacan al ver a su hijo conmocionado con la evocación de la bisabuela. La mirada de su hijo es ahora de súplica y Natasha no puede evitar inquietarse ante el hecho de que las emociones de su hijo menor están a flor de piel. Definitivamente, si alguien ha heredado la sensibilidad de la Yeya es él. Yeya lo dijo desde el primer día que Aldo llegó a sus vidas: "Este niño no es igual a los otros. Déjenlo vivir y que el instinto sea su única brújula".

Natasha opta por no responder. Aldo sabe que la tarea será más difícil de lo que pensó. Había subestimado la inteligencia de su madre. Decide intentarlo una vez más antes de cambiar de tema para no levantar sospechas sobre las verdaderas intenciones.

—¿Por qué no me dicen qué pasó con la bisabuela? —pregunta Aldo.

—Es una historia larga y el que debe contártela es tu papá —dice Natasha luego de una pausa de silencio.

—¿Por qué él?

—Porque se trata de su familia y siempre ha dicho que algún día les contará lo que pasó.

—¿Pero, qué pudo haber pasado para que exiliara a su abuela de su vida? —pregunta Aldo—. Tú misma has contado que fue como su segunda madre.

—Aldo, déjame hablar primero con tu padre. Es un tema muy delicado para él.

Basta una mirada a la madre para que concluya que será inútil seguir indagando. Duda que su padre le cuente la verdad. Pura intuición, pero está seguro que esta vez tampoco estará equivocado.

—No te preocupes, mami —dice resignado Aldo—. No es de vida o muerte. Si va a causarle estrés a papi, ni se lo menciones. Es una curiosidad.

Después de mirarlo por varios segundos, Natasha respira aliviada. El tema de la Yeya no traerá más cola, pero vacila si contarle al marido la conversación con el hijo. Al ver el rostro tranquilo de Aldo, se siente complacida porque el problema nació y murió la noche del sushi.

Aldo experimenta una sensación de tranquilidad. Ha obtenido al menos una importante pieza de información: la bisabuela sigue vivita y coleando en el mismo lugar. Su percepción es acertada: hubo un lío familiar que resultó en el exilio de la Yeya de la familia. Mañana mismo enviará la carta y le pedirá a la bisabuela que le envíe respuesta a la dirección postal de Priscila.

Sin más ni menos, madre e hijo salen del restaurante satisfechos con sus logros. Parten rumbo a casa sin sospechar que en pocos días un huracán emocional destrozará la tranquilidad que ahora disfrutan.

10

Después de mirar por duodécima vez la hora, Aldo se percata de que ya son casi las nueve de la noche. No ha podido concentrarse en su tarea; en la soledad de su habitación le asaltan dudas sobre si debe o no enviar la carta a la Yeya. ¿Y si en realidad no pasó nada y está creando un problema que no existe? ¿Y si la bisabuela se molesta con la carta? Peor aún, ¿y si su padre se entera?

Aldo abre y cierra los ojos varias veces para tratar de despejar la mente. Se siente cansado, pero debe terminar de leer el poema del chileno Pablo Neruda. Presume que el maestro lo seleccionó porque el poeta recibió el Premio Nobel de literatura en 1971. Son tantos los pensamientos abrumantes, que se le ha hecho difícil comprenderlo. Decide recitarlo en voz alta.

Zumbando entre los árboles, orquestal y divino,
como una lengua llena de guerras y de cantos.
Viento que lleva en rápido robo la hojarasca
y desvía las flechas latientes de los pájaros.

Viento que la derriba en ola sin espuma
y sustancia sin peso, y fuegos inclinados

El aleteo aviva su sexto sentido. Mira embelesado a los pájaros que abarrotan el cuarto. Esta vez no siente miedo alguno. A primera vista piensa que son gorriones, pero al mirar al que se posa sobre su hombro izquierdo confirma con asombro que es una *Cigua Palmera,* el ave cuyo dos únicos hábitats son los países que ocupan una isla llamada La Española: República Dominicana y Haití. Se acordaba de Haití por ser el país que ostenta el título de primera nación independiente en América Latina.

Aldo estudió la *Cigua Palmera* en la clase de Geografía caribeña por ser el ave emblemática de la República Dominicana. De repente, como respondiendo a un llamado divino, los pájaros se marchan sin dejar rastro alguno. *Escucha a tu corazón. República Dominicana.*

La duda de enviar la carta a la bisabuela se disipa por arte de magia. Mañana, a primera hora, la misiva partirá rumbo a la isla caribeña. No hay casualidades en la vida, concluye feliz.

***

Durante el desayuno, se sorprende al ver a su padre solitario en la mesa. Saluda y se sienta a comer cereal. Refunfuña un poco porque ya no queda leche descremada, pero esto no impide que disfrute de su alimento mañanero. Su padre lo sigue con una mirada que trata de ocultar detrás del periódico. Aldo percibe que es observado, lo que quiere decir que tendrá algo importante que decirle. ¿Su madre le habrá pedido que comparta el secreto familiar?

Esteban coloca el periódico sobre la mesa y mira directamente a su hijo. A pesar de que llevan quince años viviendo bajo el mismo techo, a veces siente que no lo conoce del todo. Jura que puede leer los pensamientos de Juan Alberto y Samanta, pero jamás podría decir lo mismo respecto al benjamín de la familia. Desde pequeño hubo una distancia natural entre ambos que no le preocupó mucho, porque Aldo y Natasha siempre fueron cercanos. Además, sabe que es un buen chico a pesar de ser tan diferente al resto de los jóvenes de su edad. Lo importante es que con el tiempo sus compañeros aprendieron a respetarlo y nunca lo ha oído quejarse de ser blanco de burlas.

—¿Cómo van los estudios? —pregunta Esteban mientras dobla el periódico a la perfección.

—Bien. Hoy tengo examen de Literatura hispanoamericana.

—Tu madre me dice que tienes preguntas en cuanto a mi familia.

—Pues sí. Le pregunté sobre la bisabuela Yeya. Hace mucho no se habla de ella —dice Aldo mientras estudia con rigor la última fresa que queda adentro del plato.

—¿Quieres ir a la bolera esta noche? Podemos aprovechar para hablar un poco.

Aldo levanta la vista y lo mira abiertamente. No sabe qué pensar de la propuesta. ¿Estará realmente dispuesto a contarle todo? ¿Podrá confiar en que le relate la verdad?

—*OK.* Te espero —dice Aldo.

Pactan el encuentro para las 6:30. Aldo debe regresar temprano a casa para terminar las tareas.

Su padre se marcha y él se queda en la mesa revisando los titulares del periódico mientras saborea un mate, esa bebida caliente preparada con hojas de yerba mate, muy popular en los países del cono sur. Junto a su familia, ha visitado tres de ellos: Argentina, Uruguay y Chile. Un primo que vive en Argentina le enseñó cómo prepararlo y desde entonces es un leal bebedor.

—¿Algo interesante pasando en el planeta tierra? —pregunta de forma casual Juan Alberto al sentarse frente a él a desayunar.

—Muchas cosas, por supuesto. Pero no creo que te interese escucharlo —responde con poco entusiasmo.

Hay algo que Juan Alberto quiere decirle y Aldo lo intuye al ver a su hermano mover la cuchara dentro del plato de una forma peculiar. Decide esperar a que hable para no ponerlo más nervioso.

—Oye, Aldo, no te creíste lo de la broma de la adopción, ¿verdad? —susurra Juan Alberto cabizbajo.

—Si quieres que te diga la verdad, sí. Jamás me imaginaría a papi y a mami bromear así.

—Lo siento. Fue una broma fea que nunca pensé te creerías. Después de todo, eres el más inteligente de la familia.

—No te preocupes. Ya se me pasó la rabia.

Juan Alberto lo mira. Está a punto de decirle algo más, pero la entrada de la madre lo detiene.

Natasha intuye que acaba de interrumpir algo importante. Alarmada, mira a Juan Alberto, quien niega con la cabeza mientras Aldo los mira a ambos.

—¿Qué rayos me ocultan? —dice contrariado Aldo.

—Nada, chico —dice Juan Alberto—. Es hora de ir a la escuela.

—A montarse en el carro que estamos retrasados —dice Natasha mientras apura a Juan Alberto a salir de la cocina.

Enfurecido, Aldo los sigue y se jura que no dejará ir al padre de la bolera esta noche sin que le cuente todo. Absolutamente todo.

***

Esteban llega una hora más tarde de lo acordado a buscarlo para ir a la bolera. Aldo se mortifica porque sabe que la tardanza limitará el tiempo para la conversación. Pero opta por no dejar entrever la molestia que lo carcome para que su padre no tenga más excusas. En la tarde había trazado un plan de acción con sus tres amigos. Tenían opiniones divididas en cuanto a la información que el padre revelaría en la noche.

Le teoría de Priscila es que el papá de Aldo se limitará a darle un sermón sobre la importancia de guardar los secretos antiguos de la familia. Pero Luis Manolo fue más optimista y pensaba que Esteban le contaría solo la historia de la bisabuela. Eduardo, por su lado, estaba convencido de que el padre le confesaría toda la verdad al hijo. Pero en lo que todos estuvieron de acuerdo era que Aldo debía proceder con mucha cautela. Era bien conocido que don Esteban tenía un temperamento volátil cuando estaba estresado. Y el meollo de Aldo tenía todo el potencial para provocar altos niveles de estrés.

En la bolera, padre e hijo comienzan a jugar en su carril favorito, el ocho. Hace tiempo que Aldo no comparte con el padre a solas. En los últimos meses su padre había estado muy ocupado con una auditoría.

Luego de casi una hora de juego deciden ir a la cafetería a comer. Aldo espera que sea su padre quien aborde el tema de la Yeya. Siente impaciencia y ansiedad, pero recurre a la destreza dramática para disimularlas.

—¿Qué sabes de la bisabuela Yeya? —pregunta Esteban mientras organiza las presas de pollo y las papas fritas en el plato.

La pregunta toma por sorpresa a Aldo, pero se alegra porque acelera el rumbo de la conversación.

—Nada —dice Aldo—. Solo que hace años no se menciona su nombre y que aún vive en la República Dominicana.

—¿Sabes algo de su historia? —pregunta Esteban.

—Que conoció al bisabuelo alemán en un barco que viajaba de Europa a la República Dominicana y que se enamoraron a pesar de que no se entendían —dice Aldo —. Se dedicaron a la agricultura y al comercio, y tuvieron varios hijos incluyendo a la abuela.

—¿Te acuerdas de Yeya? —pregunta Esteban con curiosidad.

—Me acuerdo del rostro y de algunas de las nanas que me cantaba en el sillón —dice Aldo—. A veces vienen imágenes a mi mente, pero no son fuertes como para poder recordar más.

—Para haber tenido menos de cinco años te acuerdas de muchos detalles —dice Esteban sonriendo.

Aldo encoge los hombros y sigue saboreando cada pedazo de la papa frita entre los dedos.

—La bisabuela Yeya era… es un personaje. Alguien debería escribir su historia. Se vendería como el mejor de los *bestsellers* —dice Esteban.

A continuación, el padre detalla la vida del personaje misterioso a quien todos llaman Yeya. Para fascinación de Aldo, descubre que en su familia hay sangre gitana, porque la Yeya es una gitana oriunda de Cataluña. Esteban hace hincapié en que la abuela no es cualquier gitana. Los padres de la Yeya habían abandonado a sus respectivas familias, nómadas que se trasladaban de ciudad en ciudad para dedicarse a la agricultura. Decidieron acogerse a uno de los esporádicos programas gubernamentales que buscan disminuir la pobreza entre esta comunidad proveyéndoles oportunidades de entrenamiento y trabajo.

El padre de Yeya aprendió el oficio de la plomería mientras que la madre, luego de descartar la vestimenta típica de las gitanas y ceñir su largo pelo negro a un riguroso moño, logró emplearse como niñera de familias acomodadas de la región. Del matrimonio nacieron dos varones y una niña a la que pronto los hermanos apodaron Yeya, pues no podían pronunciar su nombre completo. Los niños crecieron sin sospechar que eran gitanos; los padres ocultaron la información para no afectar sus oportunidades de estudio y socialización. Pero en el caso de Yeya, saltaba a la vista que tenía un aire diferente.

Yeya era una niña brillante que devoraba cuanto libro caía en sus manos. Los maestros la adelantaron varios grados porque no podían lidiar con una estudiante que supiera más que ellos. Al graduarse de la escuela superior, iba a ingresar a la universidad: una de las pocas mujeres de su pueblo que lo haría. Pero durante las vacaciones escolares ocurrió algo que cambiaría el rumbo de su vida. Una de sus tías llegó al pueblo para avisar que la abuela estaba moribunda y que uno de sus últimos deseos era volver a ver a su hija Amalia, la mamá de Yeya, a quien no veía hacía más de veinte años.

A primera vista, la tía Patricia era un ser muy diferente a su hermana. En lo físico, no había duda de que eran parientes: tez curtida por el sol y el pelo negro rizado. Pero tía Patricia vestía como típica gitana, con una falda ancha y sandalias que habían recorrido miles de caminos. También hablaba un poco más rápido y al escucharla era evidente que había visto y vivido mundo. Cuando miraba a su hermana, no podía controlar una sonrisa cargada de mofa al verla tan atada a la vida cotidiana de clase media que llevaba. Pero Amalia no le hacía caso;

había probado los dos estilos de vida y se sentía feliz con la decisión y lo que el destino le había deparado.

Durante la visita de Patricia, silenciosa y sin llamar mucho la atención, Yeya fue poco a poco hilvanando los cabos sueltos en la historia de la familia. Muchas cosas comenzaron a encajar, tales como los comentarios que había escuchado mientras crecía, y alguna que otra mirada imprudente de los conocidos.

Llegó la hora en que Patricia partiría junto a Amalia para visitar a la madre moribunda. Con la súplica apoderada de su mirada, Yeya pidió acompañar a su madre y aunque el padre protestó, Amalia accedió. Tarde o temprano tendría que conocer esa otra vida que tiene por sangre y no por ley. Amalia estaba convencida de que la experiencia avivaría en Yeya los deseos de estudiar y convertirse en doctora en medicina o científica.

Nubes de nostalgia opacan la mirada de Esteban cuando relata las vueltas que dio la vida de Yeya a partir de ese día. Se marcharon las tres en tren hasta Barcelona. Amalia y Yeya ataviadas con vestidos de clase media. Patricia haciendo alarde de sus encantos de gitana. Cinco años menor que Amalia, Patricia era una mujer sumamente atractiva y lo sabía. Ser un amor prohibido para muchos hombres españoles realzaba su belleza. Los gitanos eran considerados ciudadanos de tercera clase.

Los parientes vivían en campamentos improvisados que los gitanos levantaban en los pueblos que visitaban. Así, los hombres podían dedicarse a las faenas de la tierra. Algunas mujeres se empleaban en el servicio doméstico si tenían la suerte de conseguir empleo. La familia de Yeya no había tenido problemas con la ley, por lo que gozaba de la libertad de ir y venir.

Yeya luego contó a sus familiares lo deslumbrada que quedó al conocer a la tía Patricia. Era como si hubiese por fin encontrado la razón de su vida. Desde pequeña sentía un vacío muy difícil de explicar y que trató de llenar con la lectura y el conocimiento. Nunca imaginó los orígenes de su familia y que sus padres fueron nómadas hasta que decidieron sentar cabeza y olvidar el pasado.

Yeya no se cansaba de mirar a su tía. No era la belleza lo que le atraía, sino el aire de haber vivido e intimado por medio de sus ojos, sus manos, su boca y su olfato. Mientras Yeya conocía los famosos viñedos de La Rioja a través de sus lecturas, Patricia no solo los había palpado, sino que también había degustado sus pulposas uvas. Quizás no era capaz de identificar todas las clases de uva en el viñedo, pero para ella lo importante era que la tía los había vivido. Yeya no dudaba que hubiese corrido entre ellos al jugar al esconder con sus hermanos y primos.

En el tren, su madre no habló mucho y se dedicó a tejer. Patricia las puso al tanto de los pormenores de la familia. Los que se habían casado o los que habían tomado otro rumbo. A ratos, las dos hermanas hablaban en romaní, la lengua de los gitanos, o catalán, una de las tres lenguas principales de Cataluña. Yeya quedó enamorada del poder de convocatoria de la palabra cuando se canturreaba en más de una lengua. Hizo un pacto silencioso de abrir su mente y vida por medio del aprendizaje de otros idiomas.

Al llegar a la estación, Patricia dijo que tendrían que recorrer un día de camino a pie, a menos que tuvieran la suerte de que algún vehículo las acercara al pueblito en las afueras de Barcelona, la capital de Cataluña. Amalia protestó porque hacía años que no caminaba por largas horas, pero a Yeya no le molestó. Por suerte habían seguido el consejo de la tía de empacar pocas cosas en un bolso liviano de tela para que no resultara pesado.

En el camino, Patricia y Amalia se turnaron para cantar y Yeya se sorprendía de saber que su madre tenía una voz hermosa. Solo recordaba haberla oído entonar canciones de cuna y de vez en cuando un flamenco bien apasionado. Con cada paso, Yeya descubría a una madre más divertida de la que conocía. ¿Sería feliz en su vida tan sedentaria?

Gracias a la generosidad de un camionero que las recogió durante el trayecto, les tomó apenas cinco horas llegar al destino: una loma arropada de gigantescas casetas de acampar en donde vivía la familia durante la cosecha de uva. Yeya no salía de su fascinación al ser testigo de que era posible tener una vida tan diferente. Llegaron tarde en la noche, y entre las dos docenas de casetas, vieron fogatas y grupos de personas a su alrededor. Desde lejos también se escuchaban los gemidos de una guitarra acompañados de la dulce voz de una mujer que de seguro traspasaba los cincuenta años porque cada palabra iba cargada de vida.

Se corrió la voz de que tres mujeres habían arribado al campamento. Poco a poco la familia iba saliendo hacia su encuentro, y al final, fue Amalia quien corrió para acortar el espacio que la separaba de otra de sus hermanas, María. Yeya se quedó rezagada, mientras su madre y su tía saludaban con besos y abrazos. Había motivos de sobra para celebrar el regreso de un miembro de la familia. El olvido de que su hija la acompañaba solo duró unos minutos. Amalia la buscó con la mirada y la llamó. La atención de todos estaba centrada ahora en la joven bajita de tez café con pelo negro rizo y de ojos almendrados del mismo color. Yeya no era una belleza, pero tenía encanto, y sus expresivos ojos hacían que todos se concentraran en su mirada. Más de una vez había escuchado a un enamorado jurar sentirse hechizado por su contemplación.

Yeya nunca pudo recordar los nombres de los tíos y primos que conoció esa noche. Excepto uno. El de su prima Mariana Lucía. Era de su misma edad y el parecido con la tía Patricia era extraordinario. Pero fue su mirada lo que más le impactó. Una mirada que le comunicaba a gritos que al fin había llegado.

De inmediato, fueron a ver a la abuela que yacía semidormida en un sillón. Los intentos de lograr que se acostara sobre una cama habían sido infructuosos, pues la abuela decía que quería morir sentada. Madre e hija se abrazaron por largo rato y Yeya aprovechó para echar un vistazo a su alrededor.

Todo lo que veía era simple: dos camas pequeñas, la lámpara de gas, una mesa para dos y un baúl de madera.

La abuela sonrió cuando conoció a su nieta Yeya. Ya no le quedaba energía para decirle mucho, pero el brillo de los ojos resultó ser suficiente para ambas. Yeya se sentía parte de esta familia. Después de un rato, salieron de la caseta y se encontraron con la prima. Desde ese momento, y durante los cinco días que duró la visita al campamento, se volvieron inseparables. A pesar de que Mariana Lucía no sabía ni leer ni escribir, era una joven inteligente con mucha sabiduría gracias a su capacidad para escuchar y recordar. Le confesó a Yeya que siempre quiso estudiar, pero que había sido imposible debido al estilo de vida nómada. Por ello, se las arreglaba para escuchar las clases a través de las paredes de las escuelas cercanas. Así sabía de ciencia, geografía y hasta de literatura.

A pesar de compartir algunos rasgos físicos, Mariana Lucía tenía algo que a Yeya le faltaba — belleza física. De tez más clara que la de su familia, los ojos negros brillaban sin parar y era mucho más alta que Yeya. Tenía varios pretendientes en la comunidad pero no les hacía caso porque aseguraba que le habían leído la mano y los pronósticos coincidían en lo mismo: un príncipe azul vendría a su rescate y sería rica y feliz en un país lejano, aunque por poco tiempo.

La noche antes de que Amalia y Yeya partieran de regreso a su hogar, las dos primas durmieron frente a la fogata. Era una noche poblada de miles de estrellas y una luna llena. Bajo el manto de destellos blancos, las primas hicieron un juramento: encontrarse dentro de cuatro semanas exactamente a las diez de la mañana en el puerto para embarcar juntas hacia América.

Yeya nunca explicó a la familia el porqué de ese súbito cambio de rumbo en su vida. Tampoco dio detalles de cómo consiguieron el dinero o de cómo Yeya logró escaparse de su pueblo. Yeya siempre decía que su prima y ella eran seres únicos. Por lo tanto, decía, no era casualidad que se hubiesen conocido justo en el momento en el que sintieron necesidad de tomar un rumbo distinto al que les esperaba. En el caso de Yeya, ir a la universidad, y en el de Mariana Lucía, casarse con alguno de sus pretendientes para dedicarse a tener hijos, trabajar en casa y en las cosechas. Las dos concluyeron que esos destinos podían esperar. Los inmediatos eran las aventuras, y América era el sitio idóneo.

El mismo día que abordaron el primer barco con destino a América, Yeya escribió cartas a las dos familias explicando la decisión y prometiendo que tan pronto se establecieran escribirían. Le había traído ropa a Mariana Lucía para que no llamara la atención por ser gitana. Ambas dijeron que eran hermanas y que iban al reencuentro de sus familias en Latinoamérica.

El que dos jóvenes se embarcaran en tal travesía no tomó por sorpresa a nadie. Ya soplaban vientos de guerra en el continente europeo. Una vez en el barco, se enteraron de que el destino era la República Dominicana. Ninguna de las dos conocía la isla caribeña, así que les daba igual. La meta era salir del continente europeo y conocer nuevas tierras. El plan que se habían trazado era que Mariana Lucía se dedicaría a bailar y cantar flamenco, mientras que Yeya podría trabajar como maestra o tutora. Vivirían juntas hasta ver lo que el destino les tenía reservado. Mariana Lucía le hizo jurar a su prima que le enseñaría a leer y a escribir con perfección.

Pero los días de felicidad de las primas apenas alcanzaron a ser dos. Una mañana, mientras desayunaban, alguien robó todas sus pertenencias. El dinero se desvaneció, al igual que las pocas joyas que Yeya trajo, y la guitarra y los atuendos de baile de Mariana Lucía. Reportaron el robo al capitán del barco, pero sin una pista no podía hacer mucho. Ordenó revisar los dormitorios de los tripulantes de la nave, pero no encontraron rastro de sus pertenencias. Las primas sospechaban que había sido uno de los pasajeros, pero el capitán no podía ordenar que revisaran sus camarotes sin causar malestar.

Optaron por rediseñar su plan. No podían llegar sin dinero a América. Tampoco era una opción robar o mendigar. Entonces decidieron que una de las dos tendría que enamorar a uno de los pasajeros y poner como condición para el matrimonio que la hermana viviera con ellos.

Conseguir candidatos no fue tarea difícil, al menos para Mariana Lucía. Ya había varios pasajeros merodeándola y a todos, excepto a uno, los había ignorado. Pero ahora la necesidad la obligaba a prestar atención. La coraza de hierro que había creado para proteger su corazón desde que sufrió la primera desilusión amorosa hacía tres años se fue desvaneciendo al conocer a Ramón Luis, un joven abogado que también iba a América a probar fortuna. Al abrir el corazón por la necesidad, Mariana Lucía se enamoró y decidieron casarse en el barco.

Mientras tanto, durante las cenas en el comedor, Yeya conoció a un hombre doce años mayor que ella, un comerciante alemán que iba en búsqueda de nuevos mercados para la fábrica de textiles de su familia. A través de otro de los pasajeros españoles que sabía un poco de alemán, descubrió que el comerciante buscaba a alguien que le enseñara español. Ella accedió gustosa a ocupar las largas horas que amenazaban su cordura. También le habían robado sus libros, y desde que Mariana Lucía se había enamorado, apenas compartían tiempo juntas.

Una vez se establecieron en la República Dominicana, Yeya y el alemán terminaron casándose. Esteban le cuenta a Aldo que las malas lenguas aseguraban que la bisabuela Yeya no tenía otra opción, pero jura haber sido testigo del amor que la pareja se profesó a través de los años. Y le relata con una amplia sonrisa que Yeya siempre aseguraba que el alemán la continuaba hechizando con la manía de conjugar todos los verbos en español en pasado, sin importar si estuviera hablando en presente o futuro.

En la isla caribeña, las dos parejas se instalaron en sus respectivos hogares. Mariana Lucía en la

94

capital, Santo Domingo, donde su esposo consiguió empleo en un prominente bufete de abogados. Yeya y el alemán, por su parte, se establecieron en la provincia de La Vega, donde compraron una finca y se dedicaron a la agricultura y a la búsqueda de tiendas de textiles y fábricas de ropa que compraran telas a su familia en Hamburgo.

Cada vez que viajaba por América Latina, el alemán llevaba a Yeya, quien parecía haberse convertido en intérprete y asistente. Al tiempo, Yeya logró cumplir el sueño de aprender idiomas y en apenas un año dominaba el alemán, el portugués y el inglés.

Es en este punto de lo que parecía una conversación, pero que en realidad era un monólogo, que Esteban pausa y mira a su hijo. Aldo ha seguido el relato con curiosidad, pero se siente ansioso pues todavía faltan varias décadas antes de llegar a saber lo que pasó con su bisabuela Yeya. El padre respira hondo y vuelve a mirar a su hijo.

—¿Alguna pregunta hasta ahora? —cuestiona Esteban.

—No. Tienes muy buena memoria —dice Aldo.

—De aquí en adelante hay dos versiones de la historia de la familia. La de Yeya y la del resto de la familia —dice Esteban.

—¿Cuál tú crees es cierta?

—Aún no lo sé. Quisiera creerle a Yeya, pero hay razones para pensar que no siempre dice la verdad.

Según Esteban, Yeya decidió no acompañar al marido en uno de los viajes. Estaba deprimida porque hacía apenas dos días que su prima Mariana Lucía había muerto durante el alumbramiento de su primer hijo. Ambos, madre e hijo, murieron al no llegar a tiempo al hospital.

Aunque se veían poco desde que llegaron a América, las primas se comunicaban a través de cartas. Mariana Lucía se las dictaba a una de las secretarias de su marido, quien las escribía. En las noches, tomaba cursos para aprender a leer y a escribir con su esposo, quien no cesaba de decirle que tenía una mente privilegiada que debía cultivar. En su última carta, había logrado escribir unas líneas y puntualizó su comunicación con un: "Me haces mucha falta".

Después de ver partir a su esposo, Yeya no pudo parar de llorar y sintió un impulso fuerte de irse de la casa. Los sirvientes aseguraron después que parecía haber olvidado quién era y que no pudieron entender lo que decía pues habló en varios idiomas.

Nadie sabe los detalles, pero Yeya se marchó con apenas quinientos diez dólares hacia Sao Paulo, Brasil. Yeya luego diría que tuvo un sueño en el que su prima Mariana Lucía señalaba con una mano enguantada a Brasil en un globo terráqueo que flotaba entre llamas en el espacio.

En Sao Paulo, donde tenía algunos conocidos debido a sus viajes con su esposo, sobrevivió enseñando español en una escuela. Allí se enteró de que estaba embarazada del alemán, pero en hechos que nunca estuvieron claros, perdió la memoria y la cordura. El embarazo no prosperó. Cuando Yeya recobró la memoria, se encontró en otra ciudad en una institución para pacientes con problemas mentales y no quiso creer que el bebé, que se enteró fue varón, no sobrevivió. Destrozada, regresó a la República Dominicana, pero se quedó en la capital, sin ánimos para enfrentar a su esposo y contarle lo que pasó.

El alemán se enteró de su regreso y de la miseria en que su amada esposa vivía en la capital. Fue a su encuentro y sin pedir explicación alguna, la buscó y la perdonó. Con el paso del tiempo ella salió de la depresión y le contó lo del bebé. Seguía jurando que le había sido arrebatado tras el nacimiento. A través de las embajadas alemana y española trataron de hilvanar lo que sucedió en el quinto país más extenso del mundo. Rescataron los detalles del alumbramiento prematuro y el fatal desenlace, pero la Yeya siempre insistió en que la administración del hospital mentía y que le habían robado el bebé.

Esteban pausa su relato. Aldo sabe que hay algo de peso que el padre tiene que decirle, pero que le cuesta hacerlo. Intuición de hijo menor.

—¿Qué pasa, papi? ¿Por qué paras? — pregunta alarmado.

Esteban lo mira y reflexiona. Decide compartirle un detalle de la historia que calará hondo en su hijo. Aún no ha decidido si contarle todo, pero sabe que al menos las próximas palabras tendrán un impacto fuerte y profundo.

—El hijo... El nombre del bebé era... Aldo —balbucea Esteban.

Aldo salta de su asiento y lo mira con incredulidad.

—¿Aldo? —dice Aldo.

—Sí, Aldo —responde su padre—. Pero hay algo que debes saber. Cuando seleccionamos ese nombre no sabíamos sobre la historia de la Yeya y el bebé.

Aldo mira sin entender pizca de lo que su padre le cuenta. Esteban traga grueso y continúa el relato.

—Verás. A tu mamá siempre le gustó el italiano. Y, bueno, desde que nos casamos, se empeñó en que uno de nuestros hijos tendría que llevar un nombre italiano. Logré convencerla de que no fueran los primeros dos, pero ya para el tercer hijo no había excusas. Compró un libro de nombres italianos y le gustó el tuyo —dice Esteban—. Tu nombre significa viejo o mayor. Cuando naciste, nos impactó tu aire de conocimiento y sabiduría.

—¿Y cuándo se enteraron de que era el nombre del bebé de la Yeya? —pregunta Esteban.

—En tu bautismo, a los cinco días de tu nacimiento. Cuando el cura dijo tu nombre en la iglesia, la Yeya, que había venido ese mismo día con el alemán, se desmayó. El abuelo se puso furioso y empezó a gritar en su idioma —dice Esteban—. No sabíamos qué era lo que pasaba hasta que tus abuelos explicaron lo del bebé en Brasil. La Yeya había seleccionado ese nombre al enterarse de que iba a tener un primer hijo. Escogió otro, Amalia, por si era niña.

—Y ya era muy tarde para cambiar el nombre —continúa Esteban—. El alemán se llevó a la Yeya al hotel donde se hospedaban. Nosotros seguimos como si nada, pero la verdad es que nadie disfrutó de la fiesta.

Aldo espera a que su padre continúe el relato, pero Esteban comienza a limpiar la mesa y a poner los platos desechables sobre la bandeja. ¿Será posible que no le cuente más?

—¿Qué ocurrió después? —pregunta Aldo.

Esteban se hace el desentendido y se levanta, bandeja en mano. Por fin mira directamente a los ojos del hijo. Una pesada cortina cubre los sentimientos en su mirada. Aldo sabe que este es el final de la versión PG, "para público en general".

—Nada. La bisabuela se recuperó y nos visitó como si nada hubiese pasado —dice Esteban.

Perplejo y sin poder hablar, Aldo penetra la mirada de su padre; sabe que oculta una parte importante de la historia. Lo intuye.

—¿Por qué cortaron comunicación con la Yeya? ¿Por qué ya no viaja a Puerto Rico? ¿Por qué mami llora cuando se menciona su nombre?

—No hay nada más nada que contar. Yeya no está en condiciones de viajar desde hace muchos años y no reconoce a nadie.

—¿Por qué no fuiste al funeral de tu abuelo? Tú has dicho que eran muy cercanos y que fue como un padre para ti.

—Iba a ser muy doloroso y decidimos que era mejor no ir.

—¿Por qué los abuelos tampoco hablan de ella?

—Tendrás que preguntarle a ellos —dice finalmente Esteban, visiblemente dolido.

La conversación ha llegado a su fin, intuye Aldo, y no logrará sacar más información. Esteban piensa que esta parte de la historia saciará la curiosidad de su hijo, pero su hijo está ahora más interesado que nunca en conocer toda la verdad.

En el trayecto a la casa, resuelve que esa misma noche abordará a Juan Alberto sobre el tema sin que los padres se den cuenta. Esa misma mañana, Juan Alberto estaba ansioso por contarle algo, pero su madre no lo había permitido.

11

Al llegar a la casa, Aldo agradece a su padre que le haya revelado la historia familiar. Esteban lo abraza y su hijo corresponde afectuoso y genuino. Al entrar al dormitorio, decide continuar la rutina como si nada hubiese pasado, pero está deseoso de que sus padres se retiren al dormitorio para ir hablar con Juan Alberto. Tendrá que esperar al menos hora y media porque los padres siempre ven el noticiario de las diez.

Hojea la agenda en su celular y confirma que tiene que entregar un reporte de Biología sobre los componentes de la sangre. Enciende la computadora y busca la información en la Internet para escribir su composición. "La sangre humana está compuesta de un 22% de elementos sólidos y un 78% de agua. Los componentes de la sangre humana son..."

Lo que sucede a continuación no sorprende a Aldo: las paredes del cuarto se tiñen color sangre y de nuevo escucha la dulce voz. "Tu nombre lo dice todo, Aldo. Escucha a tu corazón".

En su celular aparece un mensaje de Priscila: "¿Qué pasó con tu padre? Llámame".

Decide que está muy cansado y le responde que mañana le contaría durante la hora del almuerzo.

A las 10:31 Aldo se detiene a escuchar cerca de la puerta. No oye ruido en el dormitorio de sus padres. En puntillas, se dirige al cuarto de Juan Alberto. Deduce que debe estar dormido o viendo un partido de béisbol. Su hermano duerme y no siente que alguien entra a la habitación.

Sostiene una almohada por si su hermano opta por gritar mientras lo toca suavemente. Juan Alberto despierta y va a gritar cuando se percata de que es Aldo. Molesto, se levanta de la cama y va a encender la luz. Aldo lo persuade con señas.

—¿Qué rayos te pasa? Mira la hora que es —dice Juan Alberto tratando de mantener un tono bajo de voz.

—Lo sé. Es el único momento en el que podemos hablar a solas —dice Aldo —. Hay algo que tengo que preguntarte y mami no quiere que hablemos a solas.

—Si es lo de la adopción ya te dije que fue una broma.

—No, no es eso. Tú sabes algo y necesito que me lo cuentes.

—¿De qué rayos hablas?

—Tú sabes que algo pasó conmigo cuando era pequeño.

Preocupado, Juan Alberto mira al hermano. Es cierto que estuvo a punto de decirle lo que sabía en la mañana, pero su madre lo había acorralado exigiéndole que no contara nada; que ella no sabía cuánto recordaba él, pero que no era conveniente contárselo a su hermano. Juan Alberto no se acordaba de todos los detalles, pero los pocos que guardaba en su memoria eran recuerdos impactantes.

—Si estuvieras en mis zapatos no dudaría en contarte —dice Aldo—. Por favor, necesito saber toda la verdad.

—¿No te contó papi hoy en la bolera? Pensé que a eso iban —dice Juan Alberto.

—Me contó la historia de la familia de la bisabuela Yeya. Que perdió un embarazo en Brasil. Un varón que iba a llamar Aldo, pero sé que hay algo más que me ocultan.

Juan Alberto se levanta de la cama y estira sus brazos y piernas; necesita oxigenar su cerebro para ver si por arte de magia aparece una solución a esta situación. ¿Le cuenta o no lo poco que sabe? La incertidumbre en la mirada de Aldo lo convence de que debe hacerlo. Aunque no conozca toda la historia, al menos tendrá una pieza más del rompecabezas. Cada vez que él y Samanta han tratado de indagar, la respuesta ha sido que se olviden, que algún día, cuando sean más adultos, se enterarán.

—Te voy a contar lo que recuerdo, pero no sé toda la historia. Samanta y yo hemos preguntado muchas veces, pero ni papi ni mami sueltan nada —dice Juan Alberto.

Juan Alberto tenía seis años cuando la bisabuela Yeya y el alemán vinieron a visitarlos. Cada año venían y se quedaban con ellos al menos dos o tres meses. Había escuchado a sus padres decir que lo hacían desde que nació Aldo.

Una tarde, Juan Alberto fue a la habitación de Aldo para buscar un juguete que había dejado olvidado. Al acercarse, escuchó a la bisabuela Yeya hablar y decidió no entrar. Pero su voz era tan dulce y melodiosa, que se quedó escuchando lo que decía. En ese entonces, no entendió el significado de lo que oía, pero años más tarde, cuando un primo mayor les contó a él y a Samanta la historia del fallido embarazo, entendió aquella conversación extraña.

La Yeya lloraba y le pedía perdón a Aldo: que no había sido su intención que se lo quitaran, que había sufrido mucho al separase de su familia y al perder a su prima Mariana Lucía. Juraba que siempre lo cuidaría y que no dejaría que nadie le hiciese daño. Juan Alberto escuchaba a Aldo decir: "Yeya, no llores más que te ves fea". La Yeya reía y lo besaba.

Dos días después, Aldo y su madre desaparecieron y en la casa quedaron sembradas la tristeza y la desolación. Su padre le dijo a Samanta y a él que su madre y Aldo se habían marchado por un tiempo, pero que pronto volverían. Les dijo que Aldo debía ir a una clínica para curarse de cierta enfermedad. Cuando preguntaron por la Yeya, su padre los miró serio y les comunicó que se había regresado a la República Dominicana. Lo más extraño para los hermanos era que la ropa de Aldo aún estaba en las gavetas, y la de la bisabuela en el cuarto de huéspedes. El bisabuelo todavía estaba en la casa, pero les estaba prohibido hablarle; él no salía de su habitación. Más de una vez lo escucharon sollozar y balbucear en alemán.

Aldo seguía atónito la historia de su hermano. Sabía que le contaba todo y que no dejaba nada fuera.

—¿Qué pasó? ¿Cuánto tardamos en regresar? —pregunta Aldo.

—Yo conté los días en un calendario, porque me hacía falta mami. Estuvieron fuera como dos meses —dice Juan Alberto.

—¿Qué dijo mami cuando regresó? —pregunta Aldo.

—Nada. Papi nos hizo jurar que no les preguntaríamos absolutamente nada ni a mami ni a ti —dice Juan Alberto—. Nos amenazó con quitarnos la mesada de por vida si lo hacíamos.

—Y yo, ¿qué dije?

—Estuviste llorando y no comiste como por una semana. No había forma de consolarte. Cuando vimos a mami, Samanta y yo nos quedamos en *shock*, porque estaba como veinte años más vieja. Casi no hablaba, y cuando hablaba lloraba desconsolada.

—¿Y el bisabuelo?

—Se había regresado a la República Dominicana una semana antes.

Aldo hace memoria y vuelve a su mente la imagen de un niño de casi cuatro años llorando desconsolado en el sillón. ¿Sería él? ¿Sería su bisabuela? La madre nunca le había contado que estuviese enfermo cuando pequeño. Siempre ha dicho que Aldo ha gozado de muy buena salud.

—Lo siento. Ojalá supiera más —dice Juan Alberto—. Samanta tampoco recuerda mucho. La mandaron a quedarse en casa de la prima Pilar por unas semanas. Allá nadie habló del asunto.

Aldo le agradece que haya compartido la información. Se despide y se marcha a dormir. Tardará más de cinco horas en poder conciliar el sueño.

12

Los amigos de Aldo reaccionaron asombrados de que el padre revelara la misteriosa historia de su familia, y por la coincidencia de los nombres del bebé desaparecido y del biznieto puertorriqueño. Se sorprendieron al escuchar el relato del hermano de Aldo. También sintieron emoción al comprobar que no estuvieron tan errados al pensar que hubo una adopción de por medio.

—Increíble —dice Priscila.

—¡De *show*! —dice Luis Manolo.

—Chicos, ¡no me han dejado un adjetivo adecuado! —dice Eduardo.

Ninguno de los tres ha comido desde que su amigo comenzó a desgranar los pormenores acontecidos durante las últimas veinticuatro horas. Aldo los mira y espera unos segundos, porque sabe que uno de ellos arrojará luz sobre el misterio. Sostiene la teoría de que un tercero que viniera de afuera podía ver con más claridad el meollo de las cosas.

—Ni sé qué pensar —dice Priscila—. No me sorprendería que tu próximo descubrimiento sea que eres hijo de Harry Potter o Frankenstein.

Todos se echan a reír, incluso Aldo, quien por fin tiene un motivo para relajar los tensos músculos faciales.

—¡Claro! Hijo de Harry Potter y de Mary Poppins! —dice Eduardo.

—¿Y ahora qué? ¿Cómo rayos puedo descubrir qué pasó? —pregunta Aldo.

—Ya sabemos que tus padres no dirán nada; si no, te lo hubiesen contado —dice Luis Manolo.

—¿Samanta? —pregunta Eduardo.

—Juan Alberto dice que tampoco sabe más que él, porque la mandaron a vivir con una prima durante la crisis —dice Aldo.

A Priscila se le iluminan los ojos. Todos saben que es señal de una buena idea.

—¿En tu casa había sirvienta o jardinero? Le podemos preguntar —dice Priscila.

—Había una señora que nos ayudaba dos veces a la semana. Pero murió —dice Aldo.

—¿Y tus primos y tíos? —pregunta Eduardo.

—Tío Luis y tía Eva, los padres de mi prima Pilar, se mudaron al poco tiempo a Texas. Hace mucho que no los veo —dice Aldo.

—Pues será cuestión de esperar por la Yeya —dice Priscila—. Si enviaste la carta ayer debe llegarle a final de esta semana.

—¿Y si no contesta? —dice Eduardo.

Tu nombre, Aldo. Escucha a tu corazón.

—Sí va a contestar —responde Aldo sin titubear.

Lo miran, pero sin sorpresa. En este punto de esta historia nada puede asombrarles. Además, saben que hay razones de más para que Aldo tenga una intuición que le haga percibir ciertas cosas. Se despiden, y durante el trayecto a la casa, Aldo no deja de pensar en la frase que retumba en su cabeza. *Tu nombre lo dice todo. Escucha a tu corazón.*

Al llegar al cuarto encuentra sobre su cama un papel con un poema del poeta cubano Ramón Fernández Larrea.

Pasaporte
Si vas a nacer antes de mí
guardándole horizontes al sol
si alimentaras los pájaros...

Aldo mira alrededor y no ve más indicios de que alguien haya estado en su cuarto. Se acuerda de que Francisca, la señora que limpia una vez a la semana, ha estado hoy en la casa y concluye que ella colocó el poema ahí. Pero el título del poema llama su atención. "Pasaporte". ¿Le estará enviando un mensaje? ¿Pasaporte? ¿El suyo? Recuerda que la madre guarda su pasaporte y el de sus hermanos. Los usaron cuando visitaron a sus primos en América del Sur.

¿Dónde guardaría los pasaportes? Seguramente en la pequeña oficina que ha habilitado en el garaje. Allí hay un archivo con todos los documentos importantes de la casa. Verifica la hora en su celular y concluye que es buen momento para revisar, porque faltan dos horas para que su madre llegue del trabajo.

Una vez en el garaje, revisa cada gaveta hasta que da con el archivo identificado como Pasaportes. Se acuerda de que tuvieron que renovar el suyo hace apenas un año. Lo lee, pero no ve nada adentro; aún no ha tenido la oportunidad de usarlo. Decide buscar en el archivo a ver si da con el pasaporte viejo. ¡Bingo! Ahí está, junto a los otros. Lo examina, pero en realidad no sabe qué busca. En las primeras páginas ve los sellos que confirman su entrada y salida a la República Dominicana, cuando apenas era un bebé. Sigue examinando hasta dar con una página que tiene impreso un sello diferente: entrada y salida de España. Al revisarlo, cae en cuenta que estuvo en España cuando tenía poco más de tres años. Pero no recuerda mención alguna de que haya viajado a esa edad. Verifica las fechas. Entra a España el 13 de mayo y sale el 28 de julio. Más de dos meses. Se acuerda de que Juan Alberto dijo que estuvo fuera con su madre por unos dos meses. Aldo decide revisar el pasaporte de su madre. Efectivamente, viajó a España. Pero para su sorpresa la fecha de entrada es distinta a la de él. Entró el 29 de mayo y salió el 30 de julio. Verifica nuevamente las fechas de entrada pero es indiscutible que las dos fechas son diferentes. El pasaporte de su padre no refleja ningún viaje a España ese año.

¿Cómo rayos podía ser posible? La única explicación es que hubo un error o que viajó con otra persona y luego su madre se reunió con ellos. Va a guardar el pasaporte de su madre cuando un impulso lo hace revisar la página anterior a la entrada a España. Había un sello de entrada y salida de Sao Paulo. El de entrada es el 15 de mayo, dos días después de que Aldo entrara a España. El de salida es el 29 de mayo, el mismo día que su madre llega a España.

Por intuición, revisa las páginas posteriores a su regreso de España. Dos días después, el 30 de julio, su madre parte hacia la República Dominicana. Apenas está ahí un día y regresa al día siguiente a Puerto Rico.

Vuelve a verificar su propio pasaporte y nota algo que no había visto antes. El 28 de julio Aldo sale de España rumbo a la República Dominicana. Regresa el mismo día que su madre a Puerto Rico.

¿Qué hacía su madre sola en Brasil? ¿Con quién rayos estaba él en España?

Verifica los pasaportes de sus hermanos y el de su padre y comprueba que ninguno viajó a España ese año. ¿Por qué nadie le ha contado de ese viaje? Es lógico pensar que fuera con su familia a ese país a la luz de los fuertes lazos familiares, pero, ¿cuál era el misterio?

Devuelve los documentos al archivo y echa un vistazo a las otras gavetas para ver si da con otra pista, pero en las próximas dos no encuentra nada de interés sino facturas, documentos y papeles que parecen ser inconsecuentes. La última gaveta está herméticamente cerrada con llave. ¿Qué hay en esa gaveta que requiera llave para abrirla?

Al día siguiente y durante el desayuno, decide soltar una bomba para estudiar las reacciones de sus progenitores. Anuncia que quiere ir a España ese verano a conocer a su familia. Frente al fregadero, Natasha está a punto de gritar cuando se compone al ver la mirada de advertencia de Esteban. La tez de Esteban cambia de color, no tres, sino cuatro veces hasta quedarse en un gris pálido que nada le favorece. Samanta y Juan Alberto no reaccionan, o quizá deciden no reaccionar. Juan Alberto ya ha puesto a Samanta al tanto de lo que el hermano ha descubierto en las pasadas semanas.

—¿Por qué España? —pregunta Samanta.

—Para conocer más de la patria de nuestra bisabuela paterna —dice Aldo—. Además, hablamos el mismo idioma y fuimos colonia de ellos por más de cuatrocientos años.

Tratando de controlar su reacción, Esteban sigue comiendo mientras lee el periódico. Natasha también opta por ignorar la conversación. Va a ser más difícil de lo que esperaba, piensa Aldo.

—¿Has estado alguna vez en España, papi? —pregunta Aldo.

—Hace muchos años. Cuando estaba en la universidad —responde Esteban.

—¿Y tú, mami? —pregunta Aldo mientras come su cereal con apetito.

Natasha no contesta. La verdad es que no reacciona y sigue lavando el mismo traste mientras el agua corre sin control alguno.

—Es hora de ir a la escuela —dice Esteban—. Vamos, al carro.

Aldo mira a la madre que sigue paralizada frente al fregadero. Siente una tristeza inmensa al verla tan alterada con lo que a él le parece ser una simple pregunta. Decide que es mejor dejar las cosas así y se dirige a la puerta. Solo alcanza a ver por el rabillo del ojo a su padre abrazar y besar con ternura a Natasha, quien solloza en silencio.

13

El próximo explosivo no tarda mucho en estallar. Priscila convoca una reunión de emergencia en su casa después de la escuela. La Yeya había enviado una carta breve a la casa de Priscila donde anuncia que llegará al día siguiente a las diez y media de la mañana. Dice que se hospedará en el Caribe Hilton y le advierte que no diga nada a sus padres y que vaya a verla esa misma tarde. Se despide con un "Te amo" que surte efecto en Aldo: se le desprenden varias lágrimas. Sus amigos no se mofan. Es de niños, hombres, mujeres, y jóvenes dejar a los sentimientos manifestarse. Y es obvio que hay muchos comprimidos en el corazón de su amigo.

Los amigos y él debaten si deben acompañarlo, pero Aldo sabe que no, que debe acudir solo a la cita con la Yeya. También decide que por ahora no dirá nada a su familia. Saldrá temprano de la escuela, algo que nunca ha hecho, por lo que no levantará sospecha alguna entre sus profesores. Es el día que usualmente juega baloncesto con sus amigos, así que los padres no tendrán motivo de preocupación por su tardanza.

Aldo no logra conciliar el sueño esa noche. Cuando lo hace, tiene un sueño raro y pesado donde lo que ve son pájaros volando alrededor de una fogata grande.

Al otro día, en el desayuno, nadie habla. Hay rastros de lágrimas en el rostro de la madre. Aldo quisiera abrazarla y pedirle perdón, pero en realidad no sabe por qué tiene que hacerlo. ¿Por qué reaccionó de esa forma a la sola mención de España? ¿Qué pasó en ese país que todavía la altera?

Es poco lo que descubre esa mañana en el aula escolar; su mente divaga al hacer un recuento de todo lo que sabe hasta ahora. A la hora de almuerzo, apenas habla y sus amigos entienden perfectamente la razón del inusual silencio. Saben que Aldo necesita toda su concentración y energía para la reunión familiar que se avecina. Darían cualquier cosa por conocer a la Yeya, pero en esta ocasión no sería lo prudente.

Aldo sale de la escuela a la una y toma dos guaguas hasta el hotel en San Juan. Al llegar, pide el número de la habitación de su bisabuela. Le indican que lo está esperando y sube. No siente temor, sino una emoción fuerte, difícil de explicar. Hoy ha optado por vestir como un chico normal, con mahones y camiseta. Necesita que la Yeya se concentre en relatarle los sucesos y no quiere que se distraiga con lo que pudiera interpretar como nimiedades.

Al llegar a la habitación, toca a la puerta y del otro lado se escucha un "adelante" dulce y armonioso. La voz es familiar. Una señora cuarentona, vestida con uniforme blanco de enfermera, abre la puerta y con una sonrisa le señala que entre. Lo que Aldo ve a continuación lo graba en su mente para el resto de su vida —una viejita de casi noventa años, delgada, chiquita y encorvada, vestida con mahones y una camiseta con docenas de franjas de muchos colores. Lo más impactante es el rostro: pequeño y ovalado, con mechones blancos que se empeñan en ocultar los ojos grandes y negros que aún no han perdido el poder de hechizo. Sus labios son severos, pero al verlo se relajan y sonríen. La Yeya se levanta y trata de correr para ir a su encuentro, pero es obvio que el peso de los años afecta su agilidad. Aldo acelera el paso y ambos se confunden en un abrazo profundo.

—Lydia, déjanos solos un ratito —dice finalmente la Yeya a la enfermera que tras guiñarle sale de la habitación.

Este momento tan importante en su vida será difícil de describir años después cuando le cuente la historia a sus hijos. Aldo abraza a la bisabuela como si fuera un ser querido que ha jugado un rol muy importante en su vida. Siente que con ese abrazo se han comunicado, perdonado, y confirmado un amor truncado por quién sabe qué. Reflexiona si con el abrazo se aferra a ese dulce amor familiar o a esa historia que poco a poco va llenando un vacío que su inagotable curiosidad nunca había podido colmar.

—Aldo. Mi querido Aldo —dice la Yeya mientras toca su rostro—. No sabes cuánto te he echado de menos.

Se sientan en el sofá a observarse mutuamente. Aldo razona que conoce a esta mujer más de lo que la recuerda. Su voz es la misma que lo ha acompañado todo este tiempo en la aventura de buscar las pistas de su verdadera historia. Y la mirada la recuerda perfectamente. Una mirada que solo cuando lo mira a él se torna dulce, melancólica.

—No sabes cuánto te agradezco que hayas venido —dice Aldo—. Tengo mucho que preguntarte.

—Y yo tengo mucho que contarte —dice Yeya—. Pero dame unos minutos para verte. Son muchos los años desde que no te veo.

Aldo espera con paciencia porque se siente a gusto con la Yeya. Aprovecha para mirarla con detenimiento. La Yeya viste igual a como le contaban sus familiares: con mahones y camisa deportiva. Se rehúsa a pensar que ya no es una jovencita en busca de aventuras. No lleva joyas excepto por un sencillo aro de matrimonio que se empeñó en llevar desde el primer día en el dedo meñique, en contra de la tradición.

La Yeya por fin se levanta para buscar un vaso de agua. Aldo nota lo mucho que le cuesta moverse y el dolor que su rostro refleja al comprobar con cada paso que el tiempo no ha sido benévolo.

--—Te lo voy a contar todo desde el principio —dice Yeya—. No me interrumpas hasta que llegue al final. Luego, podrás preguntar lo que quieras.

La Yeya cuenta cómo conoció a su prima Mariana Lucía y la aventura en la que se embarcaron cuando decidieron ir a América Latina. Tal y como lo escuchó de su padre, relata el incidente del robo y la llegada a la República Dominicana. De ahí comenzaron una vida que para la Yeya resultó ser plena aunque a veces se sentía aburrida; para Mariana Lucía era un paraíso, pues había sido nómada toda la vida. Su relato prosigue con la sorpresiva muerte de la prima y una extraña enfermedad que la asaltó y la aparición de "un ser espiritual que le decía que tenía que ir a Brasil a reencontrarse con su prima". Sin notificarle a su marido, que estaba de viaje, se marchó con el dinero que guardaban en la casa para los gastos de la finca y llegó a Sao Paulo, ciudad que conocía por sus viajes con él. Logró colocarse como maestra de español en una escuela bilingüe y a las pocas semanas descubrió que tenía cinco meses de embarazo. La noticia le afectó muchísimo y tuvo que ser internada de emergencia al perder el conocimiento y dar señales de que estaba a punto de parir.

Cuando dos meses más tarde recuperó la memoria en el instituto para enfermos mentales a donde había sido trasladada, le aseguraron que el bebé varón nació muerto. Ella nunca les creyó. Logró que la soltaran cuando hizo un gran esfuerzo por calmarse para que pensaran que ya estaba bien. Al salir, buscó infructuosamente a su hijo pero no logró dar con él.

Regresó a la República Dominicana, destrozada por lo que había pasado. Al enterarse por unos amigos, el alemán la buscó y la perdonó. Tuvo otros hijos, pero nunca se recuperó de la desaparición de su Aldo.

—Ay, hijo, perdóname. No sabes cuánto me he arrepentido de haber hecho tal locura; de dejar que te robaran de mi regazo —dice Yeya mientras lo abraza desesperadamente y llora desconsolada.

Aldo se sobresalta. ¿Hijo? ¿Creerá la Yeya que él es su hijo? Prefiere darle el beneficio de la duda pero las próximas palabras confirman su sospecha.

—Aldo, eres mi hijo más querido y preciado— dice Yeya—. Y en esta isla te quisieron robar otra vez y alejarme de ti. ¿Te acuerdas de lo bien que lo pasamos juntos en España? Llevas sangre gitana como todos nuestros ancestros.

Aldo queda estupefacto con el descubrimiento. ¡Fue la Yeya quien lo llevó a España! ¿Por qué? Mira a la bisabuela y poco a poco se da cuenta de que algo no anda bien con ella. Es obvio que piensa que su biznieto es el bebé que perdió en Brasil. ¿Habrá pensado lo mismo cuando los visitó en San Juan hacía tiempo?

—Todos decían que estaba loca, pero los locos eran ellos, que no me permitían que te llevara de vuelta conmigo —dice Yeya—. Eres mi hijo, mi primogénito, y nadie lo puede negar.

Su bisabuela está demente, pero necesita tener más información y sabe que a pesar de su deteriorado estado mental ella puede darle datos claves.

—¿A dónde fue que me llevaste en España? —dice Aldo.

—A las afueras de la ciudad de Tarragona en Cataluña. Costó trabajo localizar a nuestros familiares, pero finalmente logramos llegar al vecindario donde estaban. Nos recibieron gozosos, aunque solo unos pocos se acordaban de haber escuchado la historia sobre la huida de Mariana Lucía con la prima. Tú no parabas de llorar de la emoción —dice Yeya.

—¿Emoción?—pregunta Aldo.

—Sí, llorabas casi todo el día y en la noche dormías pegado a mí —dice Yeya—. Es lógico, porque estuviste más de tres años viviendo con gentes extrañas que se hicieron pasar por tus padres.

—Pero si mi memoria no me falla, regresamos a América en dos meses —dice Aldo.

A los ojos de Yeya llega un destello de lucidez que hace que de sus labios salgan las próximas palabras.

—Mi alemán estaba desesperado buscándome. Lo sentí en mi corazón. Le escribí y me fui de regreso contigo a la República Dominicana —dice Yeya—. Tú no parabas de llorar y pensé que te hacía falta tu papá.

—¿Qué pasó después? —pregunta Aldo.

La Yeya comienza hablar muy rápido y con rabia. Por primera vez Aldo se asusta y se pregunta si habrá hecho lo correcto.

—Una mujer te arrebató de mis brazos cuando llegamos. Gritaba furiosa y lloraba. Se fue contigo sin permitir que te dijera adiós —dice Yeya—. No me acuerdo de mucho más. Me atontaron con inyecciones. Mi alemán nunca quiso hablar más del asunto.

Aldo cae en cuenta de lo que pasó: la bisabuela lo había hurtado en su última visita y había huido con él a España. En un momento de lucidez se arrepintió y decidió volver con el bisabuelo. Este debió haber alertado a sus padres. Su madre fue a buscarlo. Pero ya antes lo había buscado en Brasil y en España.

Ahora entendía muchas cosas: los recuerdos de un niño llorando con desconsuelo, las nanas de la Yeya, la fogata y el estrecho lazo con su madre Natasha. Poco a poco comprendió el porqué del silencio de sus padres ante las interrogantes del hijo menor. Sintió deseos de llorar, pero se contuvo para no alterar más a su bisabuela.

Yeya sigue hablando sin control. Un sentimiento de confusión lo embriaga. Es obvio que Yeya no está bien de la cabeza y que la visita podría perturbarla más. Aldo la lleva a la cama, la acuesta y la acaricia tiernamente hasta que se queda dormida. Debe hablar con la enfermera y alertar a su padre.

Sale de la habitación y ve a la enfermera sentada en un banco frente al ascensor.

—Se quedó dormida —dice Aldo—. Es importante que llame a mi padre y le diga que ella está aquí.

—¿Él no lo sabe? —pregunta extrañada—. La carta con la invitación está firmada por él. O eso dijo ella al doctor que autorizó el viaje.

—Es una historia larga —responde finalmente Aldo sin ánimo de preguntar más detalles que sabía confirmarían el que había sido un gran error escribirle a la bisabuela.

Aldo baja al vestíbulo del hotel y desde su celular llama a su padre a la oficina. Solo le dice que necesita que venga urgentemente al Caribe Hilton y que luego le explicará todo. El padre piensa lo peor y quiere alertar a la policía, pero Aldo dice que no se preocupe, que todo está bien, que es un asunto familiar.

Esteban llega al hotel y en el vestíbulo Aldo le explica lo que ha sucedido. Al terminar su relato, le pide perdón. Visiblemente compungido, Esteban no sabe cómo reaccionar.

—No sabes lo mucho que sufrimos tu madre y yo con lo que ocurrió —dice con dificultad Esteban tras una larga pausa—. Mis padres jamás se lo perdonaron y desterraron a la Yeya de sus vidas.

—Cuando desaparecieron, tu madre fue a Brasil sin tener idea de dónde buscarte, pero estaba convencida de que la Yeya te había llevado allá para rehacer su vida —continúa Esteban—. Luego viajó a España y allí le enviamos un telegrama diciéndole que la Yeya ya venía de regreso contigo a la República Dominicana.

—Fue muy doloroso para mí especialmente. Pasé todos mis veranos con la Yeya y ellos eran como mis segundos padres. Pero no podíamos arriesgarnos a que cometiera otra locura contigo —continúa Esteban tras respirar profundamente—. Por eso cortamos toda comunicación. El alemán lo entendió perfectamente.

Padre e hijo discuten qué hacer y tras hablar con la enfermera, quien les confirma la Yeya está recluida en su casa en la República Dominicana con supervisión médica, deciden llevarla de regreso a su finca. Esteban piensa que Aldo debe acompañarlos para no alterarla. El plan es que se quede con ella en la habitación hasta que Esteban hable con Natasha, consiga los pasaportes y salgan rumbo a la República Dominicana.

Aldo sube a la habitación del hotel y ordena comida para los dos. La Yeya está leyendo una novela y se ve feliz. Nadie diría que esta viejecita hubiese sido capaz de causar tanta angustia en una familia. Se sientan a comer y la Yeya le cuenta sobre la familia. A las pocas horas tocan a la puerta y la Yeya se asusta.

—¿No será esa mujer? —pregunta.

Aldo abre la puerta y Esteban entra. No saben cómo reaccionará pero, para sorpresa de todos, actúa de manera muy normal. La Yeya reconoce a su nieto Esteban y lo saluda efusivamente.

—¡Ay mijo qué viejo te has puesto! —dice Yeya—. Tienes que tomar el batido de guanábana que le preparaba a tu abuelo todos los días. No se le cayó ningún pelo hasta que murió.

Esteban le explica que ha hecho arreglos para llevarla de regreso a su hogar y que Aldo y él la acompañarán. Accede gustosa porque piensa que Aldo se quedará con ella a vivir. Poco sospecha que en el aeropuerto de República Dominicana la esperarán los hijos que viven allá y una ambulancia por si tienen que sedarla.

Durante el corto vuelo, Esteban y Aldo escuchan a la Yeya debatir sobre política internacional, religión e historia. Se preguntan cómo una mujer tan inteligente sufre esos lapsos mentales que tanto daño han causado. Pero para su biznieto, la chispa de sus ojos es un signo alentador. Es el último recuerdo que decide grabar en su mente al despedirse de ella en el aeropuerto. Yeya se voltea para abrazar a padre e hijo como si supiera que es la última vez que la honrarán con su presencia.

—No te olvides de nuestro secreto —le susurra Yeya a Aldo mientas lo besa con ternura—. ¡Tu nombre lo dice todo!

Sin preámbulo alguno, Aldo siente que una ola de paz regresa y, sin titubeos, arropa su corazón.

María Bird Picó es escritora, periodista y guionista. Tiene una maestría en Asuntos Latinoamericanos de la Universidad de Nueva York. Ha laborado como encuestadora, cajera, maestra, vendedora, trabajadora social, y fue voluntaria de los Cuerpos de Paz en Costa Rica. Trabajó como reportera y editora asistente de la sección de negocios de *The San Juan Star*. Desde el 2004 dirige una revista iberoamericana especializada en el tema de comercio minorista. Dos de sus cuentos son parte de la antología *Te traigo un cuento* de la Editorial de la Universidad de Puerto Rico. Su primera colección de cuentos, *Tras esas gafas de sol*, fue seleccionado como uno de los mejores libros locales del 2014 por la crítica literaria de *El Nuevo Día*. Éste ganó segundo lugar en la categoría de mejor libro de ficción popular, en español, del *International Latino Book Awards 2015*. Escribió el guión del cortometraje *La mecedora*, parte de la colección *Voces de la mujer*; producida por la Corporación de Cine de Puerto Rico. Esta novela se alzó con una mención de honor en la categoría de novela juvenil de los premios nacionales 2015 del Instituto de Cultura Puertorriqueña. Recientemente publicó el cuento infantil *El vuelo mágico* (2018).

21419758R00076